Andreas Obenauer

Wege durch das Kirchenjahr

Andreas Obenauer

Wege durch das Kirchenjahr

Predigten zum Geheimnis des Glaubens

Fromm Verlag

Impressum/Imprint (nur für Deutschland/ only for Germany)
Bibliografische Information der Deutschen Nationalbibliothek: Die Deutsche Nationalbibliothek verzeichnet diese Publikation in der Deutschen Nationalbibliografie; detaillierte bibliografische Daten sind im Internet über http://dnb.d-nb.de abrufbar.

Coverbild: www.ingimage.com

Contact:
International Book Market Service Ltd., 17 Rue Meldrum, Beau Bassin, 1713-01 Mauritius
Website: www.bookmarketservice.com
Email: info@bookmarketservice.com

Gedruckt in: USA, UK, Deutschland. Dieses Buch wurde nicht in Mauritius produziert.

Imprint (only for USA, GB)
Bibliographic information published by the Deutsche Nationalbibliothek: The Deutsche Nationalbibliothek lists this publication in the Deutsche Nationalbibliografie; detailed bibliographic data are available in the Internet at http://dnb.d-nb.de.

Cover image: www.ingimage.com

Contact:
International Book Market Service Ltd., 17 Rue Meldrum, Beau Bassin, 1713-01 Mauritius
Website: www.bookmarketservice.com
Email: info@bookmarketservice.com

Printed in: U.S.A., U.K., Germany. This book was not produced in Mauritius.

ISBN: 978-3-8416-0264-0

Inhaltsverzeichnis

Vorwort

Der vorliegende Band enthält 14 Predigten zu den unterschiedlichen Festen und Zeiten des Kirchenjahres. Die Predigten dieses Bandes sind so wiedergegeben, wie sie tatsächlich gehalten wurden, in einer Sprache, die sich am freien Sprechen, nicht am geschriebenen Wort orientiert.

Das Kirchenjahr mit seinen unterschiedlich geprägten Zeiten und Stimmungen ist mir in meiner Zeit als Gemeindepfarrer in meiner Gottesdienst- und Predigtpraxis immer wichtiger geworden. Ich habe es für mich selbst wie für meine Gemeinden als heilsamen und hilfreichen Rhythmus erlebt. Als Hilfe, den christlichen Glauben in seiner ganzen Fülle zu erfahren und zu gestalten, als Sprachschule und Deutehorizont für unsere eigenen Erfahrungen im Leben. Deshalb dient das Kirchenjahr als Gliederung für diesen Band. Er spannt einen Bogen vom ersten Advent bis zum Totensonntag und nimmt so mit hinein in das Geheimnis unseres Glaubens.

Bei den Predigten dieses Bandes handelt es sich nicht um herausgehobene Predigten zu außergewöhnlichen Anlässen, sondern um Predigten aus regulären Gottesdiensten im Gemeindeleben. Ich wünsche den Leserinnen und Lesern, dass sie durch die vorliegenden Predigten angeregt werden, selbst auf die Suche zu gehen nach dem, was sie im Tiefsten trägt und bewegt.

Inzlingen, an Epiphanias 2012

Andreas Obenauer

1. Advent

Wie lange noch?

Predigt zu Jer 23,5-8

Liebe Gemeinde!

Wie soll das bloß alles weitergehen...

...so sagt sich vielleicht manch einer, wenn er im Moment auf sein persönliches Leben schaut. Da sieht er vielleicht Probleme in der Familie, Sprachlosigkeit zwischen den Generationen oder handfeste Meinungsverschiedenheiten, für die einfach keine Lösung in Sicht ist. Oder er denkt an seinen Arbeitsplatz, fragt sich, wie lange die wirtschaftliche Erholung wohl andauern wird und wie sicher der eigene Job wirklich ist. Er merkt, wie die Anforderungen von Jahr zu Jahr steigen und wie er immer mehr das Gefühl hat, getrieben, gehetzt zu sein, unter Dauerdruck zu stehen. Welche Perspektiven bietet das Leben in so einer Situation – beruflich und privat? Wo zeigen sich Wege, die neues Leben erhoffen lassen?

Wie soll das bloß alles weitergehen...

... so sagt sich vielleicht manch einer, wenn er an die Kirche denkt. Zunächst an die eigene Gemeinde vor Ort: Wie soll das weitergehen – mit weniger Geld und weniger hauptamtlichen Mitarbeiterinnen und Mitarbeitern, wie es landauf, landab zu erwarten ist – oder sogar schon Realität ist? Wie kann da in Zukunft Gemeindeleben aussehen? Wer wird sich bei uns überhaupt in zehn, zwanzig Jahren noch für das interessieren, was die Kirche zu bieten hat? Hat die Kirche überhaupt eine Zukunft – in unserem Land und bei uns vor Ort? Tun sich irgendwo neue Räume auf für die Kirche und den Glauben? Oder sitzen wir alle miteinander auf einem sinkenden Schiff?

Wie soll das bloß alles weitergehen...
...so sagt sich schließlich vielleicht manch einer, wenn er unsere Gesellschaft sieht. Wie soll das werden, wenn die Kluft zwischen den Entscheidungsträgern auf den verschiedenen Ebenen und den Bürgerinnen und Bürgern scheinbar immer größer wird?
Der Konflikt um Stuttgart 21 bewegt die Menschen ja wohl vor allem deshalb so, weil viele das Gefühl haben, in den großen Entscheidungen unseres Landes gar nicht mehr aktiv vorzukommen. Wie könnten da neue Wege aussehen? Gibt es Perspektiven für eine neue gemeinsame Verantwortung für die Zukunft in unserem Land? Oder scheitern alle Versuche dazu an Ignoranz auf der einen und Desinteresse auf der anderen Seite?

Wie soll das bloß alles weitergehen...
Aufbruchsstimmung, liebe Gemeinde, Aufbruchsstimmung sieht anders aus. Quer durch alle Bereiche unserer Gesellschaft und Kirche hört man eher Klagen und Resignation: Was auch immer die Zukunft bringen wird – viel Gutes kann nicht dabei sein!

Wie soll das bloß alles weitergehen...
Wie erstaunlich, wie merk-würdig hören sich auf diesem Hintergrund die Worte von Jeremia an, die uns heute als Predigttext vorgeschlagen sind! Ich lese aus Jeremia 23 die Verse 5 bis 8:

Jer 23,5-8

Wie soll das bloß alles weitergehen...
Jeremia sagt auf diese Frage: Es wird einer kommen, der wird im Namen Gottes Gerechtigkeit schaffen. Es wird einer kommen, der kann und wird den Menschen helfen. Jeremia sagt: Ich weiß: Es wird ein gutes Ende nehmen!

Jeremia verbreitet Aufbruchsstimmung. Und das in einer Zeit, liebe Gemeinde, die keinesfalls rosig aussah für die Zeitgenossen des Jeremia. Jerusalem war zerstört, in Schutt und Asche gelegt, die Könige umgekommen oder verschleppt, ebenso ein Großteil der Bevölkerung.
In dieser Zeit verkündet Jeremia: Es kommt die Zeit, in der die Welt wieder in Ordnung kommt. In der es recht zugeht. Gott selbst wird dafür sorgen.
Die Zeit damals war nicht rosig, die Menschen hatten allen Grund, voller Sorgen in die Zukunft zu blicken. Aber Jeremia sagt: Habt Vertrauen! Gott selbst sagt euch zu: Es kommt einer aus dem Haus David, der wird Gerechtigkeit bringen!

Als Christinnen und Christen glauben wir, dass Jesus der König ist, der uns Recht und Gerechtigkeit bringt. Wir glauben, dass er damit schon begonnen hat – und dass er wiederkommen wird, um sein Werk zu vollenden. Wenn wir glauben, dass Jesus der verheißene König ist, welche Auswirkungen hat das dann auf unser Leben und auf unsere ganz alltäglichen Sorgen und Nöte? Wie passt das beides zusammen: unsere bange Frage „Wie soll das bloß alles weitergehen?“ und die Verheißung des Jeremia „Es kommt einer aus dem Haus Davids, der wird Gerechtigkeit bringen“? Wie passt das zusammen – unser banger Blick in die Zukunft und die Adventsbotschaft?

Die Sorgen und Nöte werden durch die Adventsbotschaft nicht einfach verschwinden. Und unser Land wird sich nicht über Nacht in ein Reich der Gerechtigkeit verwandeln. Aber was sich ändern kann, das ist der Blickwinkel, aus dem wir auf unser Leben und unser Land schauen. Wer glaubt, dass Jesus der verheißene König der Gerechtigkeit ist, der sieht die Sorgen und Probleme im Licht von Gottes Verheißung. Er sieht das, was jetzt ist, im Wissen darum, dass Gott anderes versprochen hat. Und dann kann Vertrauen wachsen: Trotz allem, was dagegen spricht: Gott wird es am Ende gut machen. Er hat es versprochen, dass er für Recht und Gerechtigkeit sorgen wird; dass er in Ordnung bringen wird, was im Moment im Chaos liegt. Er hat seinen Schalom zugesagt, seinen ganz umfassenden Frieden, der mehr ist als die Abwesenheit von Krieg und Unrecht. Wir dürfen ihn beim Wort nehmen und darauf vertrauen, dass er es am Ende gut machen wird. In unserem Leben und für die Welt insgesamt. Wir dürfen ihn an seine Zusagen erinnern und ihm buchstäblich in den Ohren liegen. Gott hält Wort. Diese Zusage kann uns eine Hoffnungsperspektive geben: Was wir hier erleben, ist nicht das Letzte. Und durch diese Hoffnungsperspektive kann sich auch unser Leben jetzt ändern. Auch wenn manches Problem noch schwer drückt und manche Frage offen bleibt: Das Licht von dem, was Gott zugesagt hat, scheint schon in die Gegenwart hinein. Und dadurch ist es, wie wenn sich der Himmel ein Stück öffnet. Und vielleicht entdecken wir ja hier oder da auch schon kleine Vorzeichen dieser neuen Wirklichkeit, wo Gerechtigkeit herrscht. Kleine Vorzeichen dieser neuen Wirklichkeit, wo Beziehungen heil und ganz werden. Wo Menschen in unmittelbarer Gemeinschaft mit Gott leben.

Wer glaubt, dass Jesus der verheißene König der Gerechtigkeit ist, der sieht die Sorgen und Probleme im Licht von Gottes Verheißung. Er sieht das, was jetzt ist, im Wissen darum, dass Gott anderes versprochen hat. Daraus kann Vertrauen wachsen, und neben dem Vertrauen noch etwas zweites, nämlich die Bereitschaft zur Umkehr: Wenn sich die Blickrichtung ändert, wenn wir unsere Gegenwart im Licht dessen betrachten, was uns zugesagt ist, dann lässt uns das nicht kalt, dann beginnt sich auch unser eigenes Leben und Verhalten zu ändern. Wir kehren um und richten unser Leben neu aus. Und dazu soll die Adventszeit als Zeit der Ausrichtung auf den kommenden Herrn dienen: dass wir uns mit unserem ganzen Leben ausrichten auf den kommenden König und seine Gerechtigkeit. Dass wir uns daran erinnern, dass Gott uns geboten hat, selbst gerecht zu leben. Deshalb ist die Adventszeit in der christlichen Kirche eine Bußzeit. Eine Zeit der Stille und der Neuausrichtung. Eine Zeit, um das eigene Leben wieder einmal auf den Prüfstand zu stellen: Auf welchen Wegen bin ich unterwegs? Und wohin führen sie mich? Die Adventszeit – eine Zeit der Umkehr. Umkehren heißt dabei: sich neu ausrichten auf Gott und seine Gerechtigkeit und im eigenen Leben zu mehr Gerechtigkeit in der Welt beitragen. Das kann ganz unterschiedlich geschehen, mit ganz konkreten Schritten: z.B. den eigenen Kindern das weitergeben, was man selbst als wichtig und tragend erfahren hat – auch wenn das zu Konflikten mit manchen Trends und Konsumgewohnheiten führt; oder den Kaffee oder Tee im Eine-Welt-Laden kaufen und so mithelfen, dass Menschen in Lateinamerika oder Afrika im Leben eine Chance bekommen; oder überlegen, ob es Menschen in meiner direkten Umgebung gibt, die mich und meine Hilfe brauchen – vielleicht ein aufmunterndes Wort oder Zeit für ein Gespräch oder ganz praktische Hilfe.

Wie soll das bloß alles weitergehen...
Diese Frage stellen sich in der heutigen Zeit viele Menschen. Die Adventszeit erinnert uns daran, dass es auf der Welt nicht *irgendwie* weitergeht, sondern dass *Gott* die Zukunft in seine Hände nimmt. Er wird Gerechtigkeit schaffen. Trotz aller Sorgen und Probleme müssen wir deshalb nicht resignieren. Denn über allem liegt Gottes Zusage: Ich werde für Gerechtigkeit sorgen. An Weihnachten hat Gott den Anfang schon gemacht.
Was könnten wir besseres tun in der Adventszeit als uns auf seine Gerechtigkeit auszurichten? Was sonst sollten wir in den nächsten Wochen tun als dies: bei allem, was wir tun, auf den kommenden König zu blicken und uns von seiner Gerechtigkeit leiten zu lassen? In unseren Worten und unseren Taten.
Vielleicht sind wir erstaunt, wie viel wir selbst zu einer adventlichen Lebensweise beitragen können: bei uns persönlich, in unseren Häusern, in unserer Kirche und in unserem Land.
Amen.

Heilig Abend, Christmette

Wie wird es Weihnachten?

Predigt zu Mt 1,18-25

Liebe Gemeinde!

Was wäre eigentlich passiert, wenn Josef nicht auf den Engel gehört hätte? Was, wenn Josef bei seinem ursprünglichen Plan geblieben wäre und Maria heimlich verlassen hätte? Verletzt und enttäuscht, weil Maria ein Kind erwartet und er nicht der Vater ist. Was, wenn sein Stolz größer gewesen wäre als seine Bereitschaft sich dem Engel zu öffnen? Hätte es Weihnachten werden können, wenn Maria allein gewesen wäre?

Und als der Engel Gabriel Maria ankündigte, dass sie den verheißenen Retter zur Welt bringen soll: Was wäre passiert, wenn Maria zu Gabriel nicht gesagt hätte: Mir geschehe, wie du gesagt hast – sondern wenn sie ihn rausgeschmissen hätte mit den Worten: So ein Unsinn, ich werde ganz gewiss keinen Retter zur Welt bringen, ich will eine ganz normale Familie haben, sonst nichts? Hätte es Weihnachten werden können ohne die Bereitschaft von Maria, sich für diese unglaubliche Botschaft des Engels zu öffnen?

Weihnachten, liebe Gemeinde, beginnt damit, dass sich zwei Menschen radikal für Gott öffnen. Weihnachten beginnt damit, dass Gott das Leben dieser zwei Menschen komplett durcheinander bringt; dass bei ihnen alles anders wird als geplant. Anders als üblich. Anders, als man das so macht. Gott stellt das Leben von Maria und Josef einmal auf den Kopf – und Maria sagt: So geschehe es! Und Josef tut, wie der Engel befohlen hat.

So wird es Weihnachten! Weihnachten wird, weil zwei Menschen bereit sind sich für Gott und sein Wirken zu öffnen. So wird es Weihnachten, damals bei Maria und Josef – und heute bei uns. Weihnachten wird, wo Menschen offen sind für Gott. Wo sie bereit sind auf die Botschaft ihrer ganz persönlichen Engel zu hören. Weihnachten wird, wie es der Theologe und Dichter Angelus

Silesius sagt, wenn Christus *in uns* geboren wird. Wenn Gott auch in uns zur Welt kommt; wenn Gott an uns, in uns und durch uns wirken kann.

Maria und Josef also: keine Figuren im Stall von Bethlehem, die man aus sicherer Entfernung andächtig betrachtet, ehrfürchtig, aber auch ein wenig distanziert, sondern: Maria und Josef – Vorbilder für uns in ihrer Haltung zu Gott, Vorbilder im Glauben. Als solche Vorbilder im Glauben sind sie herausfordernd für uns. Weil sie ihr Leben aus den eigenen Händen geben und es Gott überlassen. Und weil sie uns damit fragen, ob wir dazu auch bereit sind. Ob auch wir uns und unser Leben Gott anvertrauen. Eine Herausforderung ist das in der Tat: Was passiert, wenn ich mein Leben Gott anvertraue? Wer weiß, wo ich dann rauskomme? Wer weiß, was dann mit meinem Leben geschieht? Vielleicht wird dann ja alles anders als ich es geplant habe, so wie bei Maria und Josef.

Wie Maria und Josef leben und das eigene Leben Gott in die Hand geben: Diese Vorstellung könnte tatsächlich Angst machen. Woher weiß ich denn, ob es Gott wirklich gut mit mir meint? Woher weiß ich, dass es gut für mich ist, mein Leben im Letzten aus der Hand zu geben und auf Gott zu vertrauen? Woher weiß ich, dass es nicht doch besser ist möglichst viel unter Kontrolle zu behalten und auf alle Experimente zu verzichten?

Die Weihnachtsgeschichte nach Matthäus sagt uns hier unmissverständlich zu: Gott meint es gut mit uns. Er schickt seinen Sohn zu uns. Und dieser Sohn hat zwei Namen, die beide anzeigen, wie Gott zu uns steht:

Sein einer Name ist Immanuel, zu deutsch „Gott mit uns“. Mit seiner Geburt dürfen wir wissen: Gott geht mit uns auf unseren Wegen durch das Leben. So hat er es bei Maria und Josef getan, als er sie und das Kind vor Herodes beschützt hat. So tut er das auch bei uns. Er lässt uns nicht allein irgendwohin ins Ungewisse gehen. Er bleibt treu an unserer Seite! Er schickt uns nicht einen Weg und bleibt dann unbeteiligt zurück, sondern er geht mit uns.

Der andere Name von Gottes Sohn heißt Jeschua, Jesus, zu deutsch „Gott rettet/Gott hilft“. An diesem Kind, das an Weihnachten in Bethlehem geboren

wird, können wir sehen: Gott rettet uns. Er reißt uns aus alledem heraus, was Leben zerstört und behindert; er nimmt allen Mächten die Macht, die uns vom Leben abschneiden; er will uns frei machen und wahres Leben schenken.
Gott ist mit uns und er rettet uns. Das wird im Stall von Bethlehem deutlich und die Namen des Kindes verbürgen es für uns. Gott führt uns ins Weite, zum Leben in Fülle!

Liebe Gemeinde!
Weihnachten ist ein schönes Fest und zugleich ein Wagnis: Schön, weil Gott zu uns kommt, als kleines Kind in der Krippe. Und ein Wagnis, weil Gott uns mit diesem Kind fragt: Bist du bereit dich auf mich einzulassen? So wie Maria und Josef? Kann Christus auch in dir geboren werden? Sodass es wirklich Weihnachten wird?
Kann Christus in dir geboren werden? Das ist die Weihnachtsfrage an uns: Kann Gott durch dich wirken in dieser Welt? Bist du offen für Gott – an dem Ort, an dem du gerade bist? In deiner Familie, an deinem Arbeitsplatz, in deiner Freizeit? Bist du offen für Gott – und bereit zu hören, was er von dir will? Damit das Leben fließen kann, für dich und für andere. Damit der Raum weit wird. Damit Leben in Fülle möglich ist.
Es wird nicht unbedingt alles beim Alten bleiben, wenn wir uns für Gott öffnen so wie Maria und Josef. Vielleicht wird sogar einiges durcheinandergewirbelt. Vielleicht spüren wir, dass wir manche Erwartung von anderen gerade nicht mehr erfüllen sollten. Vielleicht merken wir, dass es an der Zeit ist, manche Routine zu durchbrechen, die sich über die Jahre hinweg eingeschliffen hat. Es wird nicht unbedingt alles beim Alten bleiben, wenn wir uns für Gott öffnen so wie Maria und Josef. Aber das Leben wird reich werden. Ein Leben in Fülle.
Zugegeben – das ist ein Wagnis! Es ist ein Wagnis, wenn wir uns Maria und Josef zum Vorbild nehmen; wenn wir uns so radikal für Gott öffnen. Aber es kein unkalkulierbares Wagnis. Diese Gewissheit haben wir seit jenem Ge-

schehen im Stall von Bethlehem. Wir geben unser Leben nicht in die Hände einer namenlosen Schicksalsmacht. Wir vertrauen uns dem an, der sich ganz klein gemacht hat und einer von uns geworden ist. Dem, der mit uns ist und uns rettet. Jesus, dem Immanuel.

Amen.

Altjahrsabend

Auf der Schwelle

Predigt zu Röm 8,31-39

Liebe Gemeinde,
wieder einmal geht ein Jahr zu Ende. In wenigen Stunden ist 2009 Geschichte. Seit Wochen schon flimmern die Jahresrückblicke über die Fernsehschirme. Die Zeitungen schauen noch einmal zurück auf die Schlagzeilen und die Bilder des Jahres. Und dann gibt es neben den gesellschaftlichen Bilanzen auch die persönlichen: Wie war mein Jahr? Und wie war deins?

Und wo Rückblicke und Bilanzen sind, da sind auch die Prognosen nicht weit: Selbsternannte oder tatsächliche Experten beurteilen die Aussichten fürs neue Jahr. Meinungsforscher erheben die Stimmung. Astrologen und Wahrsager schauen in die Sterne oder in die Kristallkugel. Und auch privat werden Prognosen gewagt: Wie wird mein, wie dein neues Jahr?

Rückblick, Bilanz, Erinnerungen – Prognosen, Hoffnungen und Befürchtungen. Der 31. Dezember ist ein besonderes Datum. Die Nacht zum 1. Januar ist wie ein Schritt über die Schwelle. Wohl an kaum einem Tag wird uns stärker bewusst, dass wir, so lange wir leben, unterwegs sind. Wanderer zwischen den Zeiten. Immer wieder im Aufbruch zu neuen Ufern und neuen Herausforderungen. Tag um Tag, Woche um Woche, Jahr um Jahr. Und gerade am 31. Dezember wird das konkret spürbar und fassbar: Wieder ein Jahr vorbei, das doch eben erst angefangen hat! Die Zeit zerrinnt uns zwischen den Fingern und wir können sie nicht festhalten.

Es ist Altjahrsabend, das abgelaufene Jahr zieht an uns vorüber – und mit ihm ein Stück unserer Lebenszeit.

Und geradezu im Gegensatz zu dieser Silvesterstimmung steht der Bibeltext, der für heute als Predigttext vorgeschlagen ist: Worte des Paulus aus dem Römerbrief. Wo wir am heutigen Tag ein besonderes Gespür für den Wandel und die Flüchtigkeit des Lebens haben, da erinnert uns Paulus an das Beständige, das Bleibende, Ewige. Hören wir aus dem achten Kapitel des Römerbriefes von Vers 31 an:

Röm 8,31-39

Was können die Worte des Paulus beitragen zum Rückblick auf das vergangene Jahr, sei es gesellschaftlich oder privat? Und welche Rolle können sie spielen beim Blick nach vorne ins neue Jahr?
Drei Impulse aus den Worten des Paulus sind mir für diese Silvesternacht wichtig geworden:

Der erste Impuls: *Das Leben steckt voller Gegensätze*. Paulus zählt sie auf: Tod und Leben, gute und böse Mächte, Gegenwart und Zukunft, Höhen und Tiefen. All das gehört zum menschlichen Leben dazu. All das haben wir im zurückliegenden Jahr erlebt. Höhen und Tiefen: auf der einen Seite ein neuer US-Präsident auf dem Gipfel der Macht, eine Welle der Euphorie und eine Fülle von Hoffnungen, die seinen Amtsantritt begleiten. Und auf der anderen Seite ein Fußballprofi, der keinen Ausweg sieht und seinem Leben ein Ende setzt; das Entsetzen, das uns überfallen hat bei der Erkenntnis: So unbarmherzig ist unsere Gesellschaft. So wenig in der Lage, mit Schwächen und Krisen umzugehen.
Von guten und von bösen Mächten haben wir gehört: Von mutigen Menschen einerseits, die sich für Freiheit und Gerechtigkeit einsetzen, ob bei uns in Deutschland oder im fernen Iran. Und andererseits von Ausbrüchen von Hass und Gewalt, die uns fassungslos machen: der Amoklauf von Winnenden und der Mord auf dem S-Bahnhof in München, sie haben uns drastisch vor Augen geführt, welche Macht das Böse entwickeln kann.
Höhen und Tiefen, gute und böse Mächte, Tod und Leben – das Leben in all seiner Gegensätzlichkeit hat uns im abgelaufenen Jahr beschäftigt: in der Bankenkrise und der Angst vor der Schweinegrippe, bei den Bildern aus Af-

ghanistan und von der Fußball-EM der Frauen. Beim Klimagipfel von Kopenhagen und bei der Verleihung des Literatur-Nobelpreises. Und dann gibt es ja neben diesen großen, öffentlichen Ereignissen noch die ganz persönlichen Erfahrungen im eigenen Leben, wo sicher auch manches von diesen Gegensätzen zu spüren war.

Paulus schreibt: So ist das Leben. Es besteht aus diesen Gegensätzen, aus Höhen und Tiefen, aus Gutem und Bösem.

Wie soll man diese Grundspannung des Lebens aushalten, wie damit fertig werden, dass unser Leben ein Auf und Ab ist? Soll man resignieren und abstumpfen, weil man ja doch nichts machen kann? Oder rausholen aus dem Leben, was geht – weil man nie weiß, was morgen ist? Für Paulus ist ein anderer Gedanke entscheidend, jenseits von Resignation und „rausholen, was geht“. Das ist der zweite Impuls aus seinen Worten, der mir für die Silvesternacht wichtig ist: *Gott steht in alledem bedingungslos an unserer Seite.* Im Auf und Ab des Lebens ist Gott bedingungslos für uns. Nichts kann uns von ihm trennen, so schreibt Paulus.

Tod und Leben, Höhen und Tiefen, gute und böse Mächte – nichts von alledem hat die Macht, uns im Letzten von Gott zu trennen. Unsere Verbindung zu Gott, sie liegt jenseits all dieser Gegensätze, jenseits vom alltäglichen Auf und Ab des Lebens.

Damit ist nicht gemeint, dass wir in allem Gott erfahren könnten oder gar müssten. Auch nicht, dass uns jede Erfahrung, sei sie gut oder schlecht, weiterbringen und zu Gott führen wird. Paulus ebnet die Gegensätze und die Spannungen im Leben nicht ein. Böses bleibt Böse und wird nicht einfach gut, weil Gott bei uns ist. Und Schmerzhaftes bleibt schmerzhaft und wird nicht einfach automatisch zur Freude, weil Gott da ist. Aber das Böse und das Schmerzhafte, all die Brüche, die Scherben und die Wunden in unserem Leben haben nicht das letzte Wort in unserem Leben, weil sie die Verbindung zu Gott nicht zerstören können.

Nichts kann uns von Gott trennen – weil Gott sich nicht mehr von uns trennen lässt. Er hat an Weihnachten seinen Sohn zu uns gesandt, damit wir sehen und erfahren können: Er ist uns nahe. Er lässt sich nicht mehr von unserer Seite drängen. Die Zeiten, in denen wir ihn nicht bei uns spüren, wo wir Fragen und Zweifel haben – sie sind nicht das Letzte, was es über unser Leben zu sagen gibt. Am Ende gilt durch alle Höhen und Tiefen hindurch: Gott lässt sich nicht mehr von unserer Seite drängen. Er bleibt an uns dran.

Im Auf und Ab des Lebens ist Gott bedingungslos für uns und an unserer Seite. Das führt Paulus zu dem dritten Impuls, der mir für diese Silvesternacht wichtig ist: *Der Glaube an Gottes Mit-Gehen kann uns gewiss machen.* „Ich bin gewiss", so beschließt Paulus diesen Abschnitt.
Ich bin gewiss: Nichts kann mich, nichts kann uns von Gott und seiner Liebe trennen. Der Glaube, so sagt Martin Luther, schenkt uns Gewissheit. Aber das ist etwas anderes als Sicherheit. Der Glaube ist keine Versicherung gegen alle möglichen Unfälle und Schwierigkeiten im Leben. Er gibt uns keine Sicherheit, die uns immun machen könnte gegen das Leben mit all seinen Herausforderungen. Der Glaube ist keine Kosmetik, die die Wunden des Lebens kaschiert. Um all das geht es Paulus nicht, nicht um Sicherheit, sondern um Gewissheit. Um die tiefe innere Überzeugung: In allem und durch alles hindurch bin ich doch gehalten. Auch wenn ich es nicht immer spüre, auch wenn mir Gott manchmal unendlich fern scheint – ER lässt mich nicht. „Ich bin gewiss", so schreibt Paulus. In all den Höhen und Tiefen des Lebens bin ich gewiss: weil Gott für mich ist und an meiner Seite. Bedingungslos. Mit den Worten eines Buches von Johannes Rau: „Weil ich gehalten bin."

Liebe Gemeinde,
in wenigen Stunden geht das Jahr 2009 zu Ende. Ein Jahr voller Gegensätze, mit Höhen und Tiefen. Vor uns liegt ein neues Jahr, in das wir ab morgen Schritt für Schritt hineingehen werden. Was wir am Ende des Jahres über

2010 sagen werden – wir wissen es nicht. Aber wir haben die Zusage, dass Gott auch im neuen Jahr an unserer Seite sein wird. Bedingungslos.

Ich wünsche uns, dass auch wir mit Paulus sagen können: „Ich bin gewiss", dass mich nichts von Gottes Liebe trennen kann, auch im Jahr 2010 nicht. Amen.

Epiphanias

Weihnachten vorbei?!

Predigt zu Mt 2,1-12

Liebe Gemeinde!
Weihnachten ist vorbei! Die meisten haben ihren Weihnachtsschmuck schon wieder in die Kisten verpackt. Hier in der Kirche wird morgen der Christbaum abgebaut. Die Feiertage sind vorbei. Morgen beginnt auch die Schule wieder. Und spätestens dann ist wieder Alltag!
Weihnachten ist vorbei! Und genau jetzt, wo Weihnachten für uns eigentlich gelaufen ist, nimmt uns das Epiphaniasfest noch einmal mit an die Krippe. Wenn wir den Evangeliumstext für den heutigen Epiphaniastag aus Matthäus 2 hören, dann ist es, als würden wir noch einmal nach Bethlehem geführt:

Mt 2,1-12

Was machen wir mit dieser Weihnachtsgeschichte, wenn Weihnachten für uns eigentlich schon gelaufen ist? Was machen wir mit den drei Weisen, mit dem Stern und mit Bethlehem, wenn wir uns eigentlich schon wieder im Alltag fühlen? Wie passt das zusammen: Weihnachten und Alltag?
Gehen wir heute Morgen noch einmal mit dieser Weihnachtsgeschichte mit! Machen wir uns noch einmal mit den Weisen auf den Weg! Und schauen wir, ob wir uns in ihrer Geschichte wiederfinden, ob Weihnachten so auch in unseren ganz normalen Alltag hineinweist.

Ziehen wir gedanklich mit den Weisen nach Bethlehem. Dann merken wir zunächst: *Die drei Weisen folgen dem Stern.* Sie machen sich auf den Weg um den neugeborenen König zu suchen. Sie sind Pilger, Gottsucher. Sie könnten auch zu Hause auf der Couch sitzen bleiben, wo es warm und bequem ist und alles bekannt. Aber sie ziehen los um Gott zu finden. So zeigt sich bei den Weisen eine Lebenshaltung, die über das Weihnachtsfest hinausweist: Das Leben als einen Pilgerweg sehen. Das Leben als Pilgerweg sehen, so wie die Weisen sich aufmachen und dem Stern folgen, das heißt: immer neu auf die Suche nach Christus gehen. Immer wieder seine Spuren im eigenen Leben suchen und finden. Und dann immer neu staunen, dass er zu uns kommt. Das Leben als Pilgerweg sehen, das bedeutet: sich immer wieder von Gottes Stern leiten lassen und aufbrechen um IHN zu suchen.

Gehen wir heute Morgen weiter mit den Weisen. Wir sehen: *Die drei Weisen sind angefochten von widergöttlichen Mächten.* Hier in der Geschichte werden diese widergöttlichen Mächte von Herodes verkörpert. Er hört von dem neuen König, der da in Bethlehem zur Welt kommen soll. Er fürchtet um seine Macht und sinnt auf blutigen Kampf um sie zu verteidigen. Er will Jesus umbringen und die Weisen für seine Mordpläne benutzen.

Wenn Gott auf die Erde kommt, rufen nicht alle „Hurra!“. Auch die Mächte, die gegen Gott kämpfen, werden auf den Plan gerufen. Wir Menschen stehen zwischen beiden und werden gefragt: Für wen setzt du dich ein? Wem willst du folgen? Gott oder den Mächten des Bösen? Wo ist dein Platz? Auf welcher Seite stehst du? Das Problem dabei ist: Wie bei Herodes ist das Böse oft trickreich. Es verstellt sich, es kommt im Gewand des Guten daher. Es umschmeichelt uns und will uns benutzen. Deshalb ist Wachsamkeit gefordert!

Weihnachten, Gottes Kommen in unsere Welt, stellt uns mitten hinein in diese Auseinandersetzung zwischen Gut und Böse, so wie die Weisen damals. Jeden Tag neu sind wir gefordert Gott in unserer Welt Raum zu geben und dem Bösen zu wehren.

Gehen wir eine letzte Wegstrecke mit den Weisen. Wir sehen: *Die drei Weisen behalten ihre Schätze nicht für sich.* Sie tun ihre Schätze auf. Sie schenken Jesus etwas von dem, was sie haben. Eine Haltung tiefer Frömmigkeit wird hier sichtbar. Im Anblick des Weihnachtsgeschehens merken die Weisen: Ich kann und will nicht einfach alles für mich behalten. Weihnachten macht freigiebig. Wenn Gott sich selbst verschenkt und Mensch wird – dann will ich auch etwas von mir schenken. Das führt uns zu einer weihnachtlichen Lebenshaltung: Dass wir nicht einfach für uns behalten, was wir haben, sondern dass wir unsere Gaben einsetzen; uns und unsere Begabungen verschenken, damit etwas daraus wachsen kann. Damit so etwas von der Wirklichkeit Gottes spürbar wird, bei uns und bei anderen.

Liebe Gemeinde,
Weihnachten ist vorbei! Der Alltag hat uns wieder. Wie die Weisen in der Geschichte, so kehren auch wir wieder von der Krippe um, gehen in unser normales Leben zurück. Und dennoch: Die Begegnung mit Gott und mit dem Kind in der Krippe verändert! Die Weisen damals und auch uns heute. Der Alltag ist nicht mehr derselbe. Unser Leben wird zum Pilgerweg, zum Kampf gegen das Böse und zu einem Leben, das sich verschenkt.
Lassen wir uns stärken für diesen Weg, wenn wir nun gemeinsam Abendmahl feiern! Jesus Christus, der an Weihnachten Mensch geworden ist, ist mitten unter uns. Er stärkt uns mit Brot und Wein. Er lädt uns ein: Komm, lass dich stärken. Es ist schon alles bereit!
Amen.

Invokavit

Dem Bösen begegnen

Predigt zu Mt 4,1-11

Liebe Gemeinde!

Der heutige Sonntag „Invokavit" liegt am Beginn der Passionszeit. Er gibt uns Gelegenheit diese Zeit grundsätzlich zu bedenken. Er gibt uns Raum für die Frage, wie wir die Passionszeit gestalten und nutzen können. Für die Frage, was sie uns zu sagen hat.

Dazu bedenken wir heute Morgen eine Erzählung aus dem Matthäusevangelium. Ganz am Beginn von Jesu Wirken berichtet Matthäus von Jesu Auseinandersetzung mit der Versuchung des Bösen. Sie weist bereits voraus auf Jesu Leiden und Sterben und sie kann uns helfen, die Passionszeit neu zu begreifen und sinnvoll zu gestalten.

Mt 4,1-11

Jesus begegnet dem Bösen in Gestalt des Teufels. Dreimal versucht ihn der Teufel, in drei Formen kommt das Böse zu Jesus:

Das Böse kommt zunächst als Hunger: als leibliche Not, die von Gott wegführen kann, als zu große Sorge um irdische Güter. Das Böse kommt dann als Spektakel: als Anfechtung, von Gott spektakuläre Wunder zu erwarten oder sie herauszufordern; als Anfechtung, Gottes Wirken sichtbar oder beweisbar machen zu wollen. Das Böse kommt schließlich zu Jesus als Macht: als Versuchung sich mit den falschen Mächten einzulassen, nur um über andere herrschen zu können.

Jesus widersteht allen drei Versuchungen und hält an Gott fest. Und er löst dies mit seinem weiteren Leben ein: Statt äußerlichen Besitz anzuhäufen, setzt er sein Vertrauen auf Gott. Statt spektakuläre Wunder zu tun, die etwas beweisen und andere beeindrucken sollen, bleibt er seinem Auftrag treu. Statt nach Macht zu streben, führt er sein Leben als Dienst für seine Mitmenschen.

Was folgt aus diesen Versuchungen und aus Jesu Reaktion darauf für uns? Ich denke, für uns gibt es eine doppelte Konsequenz:
Zum einen: Jesus widersteht dem Bösen, er hat die Kraft dazu sich der Macht des Bösen entgegenzustellen. Schon hier, am Anfang des Evangeliums, wird deutlich: Jesus ist stärker als alle bösen Mächte. Er hat die Macht uns zu erlösen. Das ist der tröstliche, ermutigende Aspekt unseres heutigen Predigttextes. Die Passionszeit können wir als Zeit gestalten, in der wir uns neu daran erinnern: Jesus hat uns erlöst. Er hat alles getan, was dazu nötig ist. Das Böse hat keine letzte Macht über uns.
Zum anderen leitet uns diese Geschichte an darüber nachzudenken: Wo werden *wir* vom Bösen versucht? Wo sind wir in einer ähnlichen Situation wie Jesus in der Begegnung mit dem Teufel? Das ist der herausfordernde Aspekt unseres heutigen Predigttextes: Wo sind wir herausgefordert uns gegen das Böse zu stellen? Wo sind wir gefragt, mit unserem Leben Stellung zu beziehen? Die drei Bereiche, in denen Jesus versucht wurde, sind dabei auch für uns heute bedeutsam.

Da ist einmal die Versuchung des Hungers. Für uns heute ist es wohl kaum noch die Sorge ums Überleben, die uns von Gott abhält. Es ist heute bei uns kaum der körperliche Hunger, der uns von Gott wegführt. Es ist eher der ganz grundlegende Hunger nach Leben, der in eine falsche Richtung läuft. Der Hunger nach Leben, der in eine Sucht nach Mehr mündet. Die Gefahr, dass wir uns mit dem, was wir uns erarbeiten, selbst das Brot des Lebens verdienen und garantieren wollen.
Die Passionszeit ist traditionell eine Fastenzeit. Wenn wir sie als solche begehen, können wir bewusst weniger von allem nehmen, was zu kaufen ist,

um den Wert des Einzelnen wieder zu schmecken und zu spüren. Wir können all das materielle Geröll in unserem Alltag beiseite räumen, um wieder den Blick auf Gott, auf Jesus, das Brot des Lebens, frei zu haben.

Wo sind wir herausgefordert uns gegen das Böse zu stellen? Da ist weiter die Versuchung des Spektakels: Die Suche nach dem Außergewöhnlichen, das die innere Leere überdecken soll. Die Flut der Bilder und Reize, der Sensationen und Informationen, die uns überschwemmen. Sie regen kurzzeitig an, hinterlassen aber dann umso größere Leere. Es gibt auch eine religiöse Form dieser Sucht nach dem Außergewöhnlichen: Die Sucht nach spektakulären, außergewöhnlichen Gottes- und Glaubenserfahrungen. Die Suche nach immer größeren, immer eindrücklicheren Erweisen von Gottes Gegenwart im eigenen Leben. Für den Moment sind sie ungemein erfüllend. Aber die Leere des Alltags ist danach umso größer.
Wenn wir die Passionszeit als Fastenzeit gestalten, können wir in dieser Zeit die Flut der Reize reduzieren. Wir können Ruhe suchen und finden und genau darin Gott begegnen. Wir können dadurch das Einfache, Unspektakuläre – auch im Blick auf unsere Gotteserfahrungen – neu schätzen lernen.

Wo sind wir herausgefordert uns gegen das Böse zu stellen? Da ist schließlich die Versuchung der Macht: Der Wunsch, die eigenen Vorstellungen gegen andere durchzusetzen. Die Versuchung, das Eigene zum Maßstab für alle anderen zu machen, die eigene Art zu leben anderen aufzuzwingen. Oder auch auf Kosten anderer Vorteile zu erlangen, sei es in der Familie, in der Schule, im Beruf oder in der großen Politik.
Die Passionszeit als Fastenzeit gestalten würde im Blick auf diese Versuchung heißen: das eigene Lebenskonzept nicht zu wichtig nehmen, innerlich Abstand dazu gewinnen. Das ist mit dem alten Wort „Demut“ gemeint. Die Passionszeit als Fastenzeit gestalten würde stattdessen bedeuten: überlegen, wo ich mich gemeinsam mit anderen, und nicht gegen sie, für etwas

Sinnvolles einsetzen kann. Es würde heißen, in dieser Demut ein neues Gespür dafür zu bekommen, dass Gott größer ist als all unsere menschlich-begrenzten Vorstellungen vom Leben.

Liebe Gemeinde,
der heutige Sonntag Invokavit steht am Anfang der Passionszeit. Die Geschichte von der Versuchung Jesu zeigt uns, wie wir diese Zeit sehen und gestalten können: als Zeit der neuen Ausrichtung auf Jesus, der uns erlöst. Zugleich als Zeit, in der wir neu sensibel werden für die Versuchungen, die uns selbst herausfordern. Möge diese Zeit für uns eine erfüllte, eine gesegnete Zeit sein.
Amen.

Karfreitag

Das Ende der Opfer

Predigt zu Hebr 9,15.26b-28

Liebe Gemeinde!

„Ich will hier bei dir stehen“ – so haben wir eben gesungen. Und genau darum geht es heute an Karfreitag: Stehen bleiben und auf das Kreuz sehen. Nachdenken, was es uns zu sagen hat. Uns berühren lassen.

Schauen wir also auf das Kreuz! Sehen wir auf den Gekreuzigten!

Kein schöner Anblick. Ein gefolterter Mensch, der qualvoll stirbt. Ein Unschuldiger, der zu Unrecht hingerichtet wird. Ein Unrecht, das zum Himmel schreit.

Es ist nicht leicht, hier am Kreuz stehen zu bleiben. Lieber möchte man weiter gehen, dorthin, wo das Leben fröhlich ist, wo man sich amüsieren und zerstreuen kann.

Versuchen wir trotzdem stehen zu bleiben und den Anblick auszuhalten! Und hören wir auf Worte aus dem Hebräerbrief, die uns verdeutlichen, warum der Blick auf das Kreuz wichtig ist, auch heute noch. Ich lese aus dem 9. Kapitel des Hebräerbriefes:

Hebräer 9,15.26b-28

Es ist Karfreitag. Wir schauen auf das Kreuz, halten den Anblick aus. Der Hebräerbrief leitet uns beim Sehen. Er deutet uns, was am Kreuz geschieht. Er lehrt uns, warum dieses Geschehen für uns wichtig ist. Drei wichtige Impulse können wir aus der Beschäftigung mit diesem Abschnitt aus dem Hebräerbrief mitnehmen:

Zum einen ganz grundlegend: *Was am Kreuz geschieht, geschieht für uns:* Durch den Tod am Kreuz schließt Gott einen neuen Bund mit den Menschen.

Einen Bund, der für alle gilt, die zu diesem Bund gehören wollen. Keine Schuld, keine Sünde, keine Unvollkommenheit kann uns aus diesem Bund herausdrängen. Gottes Liebe ist so groß, dass sie sich von alledem nicht abhalten lässt. Der Weg ans Kreuz zeigt, wie groß Gottes Liebe ist. Er wird selbst Mensch und nimmt äußerstes Leid auf sich. Und genau dadurch macht er uns deutlich: Meine Liebe ist stärker als alle Dunkelheit, stärker als alles Leid, stärker als alle Schuld.
Jesu Tod am Kreuz, das wird hier im Hebräerbrief deutlich, Jesu Tod am Kreuz geschieht *für uns*, und nicht etwa für Gott. Wir brauchen dieses Opfer Jesu, Gott braucht es nicht. Er ist kein grausamer Herrscher, der durch die Verfehlungen seiner Untertanen beleidigt wird und deshalb blutige Rache fordert. Es ist genau anders herum: Was da am Kreuz geschieht, ist ein sichtbarer Beweis für Gottes Liebe zu uns Menschen. Am Kreuz hören wir nicht nur, sondern wir können sehen und begreifen: Gott ist für uns. Der Blick aufs Kreuz dient uns als Vergewisserung: Gott ist wirklich für mich, er ist sogar für mich gestorben.

Damit hängt der zweite grundlegende Gedanke des Hebräerbriefes zusammen: *Was am Kreuz geschieht, geschieht ein- für allemal:* Wiederholt lesen wir hier und an anderen Stellen im Hebräerbrief dieses betonte „einmal". Einmal ist das Opfer an Karfreitag geschehen. Und mit diesem einen Opfer an Karfreitag haben alle Opfer ein Ende. Gott opfert sich selbst, damit es keine weiteren Opfer mehr geben muss. Er setzt so allem Opferkult ein Ende, er macht so deutlich: Das Leben ist wertvoll, es ist heilig. Und die Geschöpfe Gottes sollen leben, sie sollen nicht geopfert werden. An Karfreitag zeigt sich uns der lebens-freundliche Gott. Gott selbst geht an diesem Tag bis zum Äußersten, um uns aus dem Kreislauf der Opfer zu befreien, um deutlich zu machen: Niemand, kein Tier und auch kein Mensch soll jetzt mehr unschuldig, kein Tier und auch kein Mensch soll jetzt mehr für andere geopfert werden.

Gott will das Leben, nicht den Tod seiner Geschöpfe. Das gilt, ein- für allemal.

Ein letzter Gedanke folgt daraus: *Was am Kreuz geschieht, fordert uns heraus:* Wer sieht und begreift, was am Kreuz geschieht, muss Stellung beziehen, er kann nicht neutral bleiben. Das Kreuz fordert heraus, es ruft zum Glauben. Das Kreuz ruft uns Menschen zu: Lass dich mit Gott versöhnen, lass dich auf das ein, was da geschieht. Bleib nicht in der Zuschauerrolle!
Das Kreuz fordert heraus – auch zu einem neuen Lebensstil: Gott hat an Karfreitag allen Opfern ein Ende gesetzt. So fordert das Kreuz uns heraus: Folge ihm nach und trage deinen Teil dazu bei, dass niemand geopfert und zum Sündenbock erklärt wird. Jesus nachfolgen heißt darum wachsam zu sein und einzugreifen, wo einzelne Menschen oder Menschengruppen zu Sündenböcken gemacht werden sollen. Seit Karfreitag ist die Zeit der Opfer vorbei. Gott hat deutlich gemacht, dass er ein Gott des Lebens ist. Unsere Aufgabe ist es, den Wert des Lebens zu achten und zu verteidigen, in unterschiedlichsten Bereichen. Sei es, dass wir mithelfen, Konflikte gewaltfrei zu lösen; sei es, dass wir darauf hinweisen, dass Menschen den Anfang und das Ende des Lebens nicht selbst bestimmen dürfen; sei es, dass wir einschreiten, wo Menschen aus anderen Ländern und Kulturen zu Sündenböcken gemacht werden sollen.

„Ich will hier bei dir stehen" – es ist gut, wenn wir heute an Karfreitag am Kreuz stehen bleiben und den Blick aushalten. Wir sehen dort am Kreuz nicht weniger als unser Heil. Für uns stirbt Jesus dort, damit wir Gottes Liebe erkennen und begreifen. Ein- für allemal stirbt er dort, alle Opfer sollen jetzt ein Ende haben. Denn Gott schenkt und liebt das Leben. Wohl dem, der das glaubt.
Amen.

Ostermorgen, Auferstehungsfeier auf dem Friedhof

Beim Namen gerufen

Predigt zu Joh 20,11-18

Liebe Gemeinde!

Da steht sie am Grab und weint. Traurig und verzweifelt.

Da steht sie am Grab und weint. Geschockt und fassungslos, weil sie noch gar nicht begreifen kann, was passiert ist.

Sie kann nicht anders als einfach nur weinen. Viele von Ihnen werden das kennen: Abschied nehmen von einem, den man geliebt hat – das ist schwer; das ist ein langer Weg, ein hartes Stück Arbeit. Und zuerst kann man gar nichts anderes tun als nur zu weinen. Es ist ja nicht irgendwer, von dem man Abschied nimmt. Es ist ein Mensch mit einem Namen, mit einem Gesicht, mit einem ganz besonderen Lachen oder einer typischen Bewegung.

Maria steht da und weint. Um einen geliebten Menschen – aber nicht nur das. Jesus war mehr für sie als einfach ein Mensch, der ihr wichtig war. Ein Prophet, ein Lehrer, ein Gesandter Gottes. Einer, der ihr Leben verändert hat. Einer, der sie neu für Gott begeistert hat. Einer, der ihrem Leben eine neue Richtung, einen neuen Sinn gab. Und jetzt ist er tot. Und mit ihm sind auch die eigenen Pläne, Ziele und Visionen gestorben. Alles aus. Welchen Sinn sollte das Leben jetzt noch haben?

Maria weint. Alle Verzweiflung, alle Enttäuschung bricht aus ihr heraus. Am Ende ist sie, hat kaum einen Blick für die Engel im Grab. „Was weinst du?“, so fragen sie.

Marias Antwort ist voller Bitterkeit: „Sie haben meinen Herrn weggenommen, und ich weiß nicht, wo sie ihn hingelegt haben.“ Alles scheint sich gegen sie verschworen zu haben, die ganze Welt scheint ihr Feind zu sein. Wer hat Jesus weggenommen? Und wohin? Und warum tun sie ihr jetzt auch das noch an? Als ob der Schmerz über Jesu Tod nicht genug wäre!

Und dann eine andere Stimme und noch einmal dieselbe Frage: „Was weinst du?“ Und danach die zweite Frage: „Wen suchst du?“ Seltsam, denkt Maria. Was will der Gärtner von mir? Merkt er nicht, dass er stört? Kann er mich nicht in Ruhe lassen? Nicht einmal hier, hier am Grab? Aber vielleicht weiß er ja wenigstens, wo der Leichnam Jesu hingekommen ist. So fragt sie ihn, unsicher, ob sie vielleicht schon verrückt geworden ist vor Trauer: „Herr, hast du ihn weggetragen, so sage mir, wo du ihn hingelegt hast; dann will ich ihn holen.“

Maria am Grab, traurig und verwirrt. Maria am Grab, ohne Hoffnung und ohne Perspektive.
Und der Fremde sagt nur ein Wort: „Maria!“ – ihren Namen.
Als sie ihren Namen hört, ist plötzlich alles klar: Rabbuni! Meister! Mein Lehrer! Ein Aufschrei der Freude: Es ist Jesus! Es ist der, den sie für tot hielt!
Maria! Der Auferstandene ruft sie bei ihrem Namen; und da erkennt sie ihn.
Maria! Der, der den Tod besiegt hat, ruft ihren Namen. Und jetzt weiß sie: Ich brauche mich nicht mehr zu fürchten. Er ist ja bei mir!
Maria! Nur ein Name, und doch – was verbirgt sich nicht alles in diesem einen Wort. Der Tod hat nicht mehr das letzte Wort; und der, der ihn besiegt hat, ruft die trauernde Maria bei ihrem Namen: Maria!
Maria! Jesus kennt sie mit Namen. Er kennt ihre Persönlichkeit, ihre Geschichte. All das, was sie bewegt und beschäftigt. Er kennt sie, besser als sie sich selbst kennt. Und er spricht sie an: Jesus lässt Maria nicht allein in ihrer Trauer und Verzweiflung. Er gibt sich zu erkennen. Er macht ihr deutlich: Ich lebe! Der Tod hat nicht das letzte Wort!

Maria ist außer sich vor Freude. Sie möchte Jesus umfassen, festhalten. Aber Jesus sagt zu ihr: „Rühre mich nicht an!“ Man könnte auch sagen: „Halte mich nicht fest!“ Schaue nicht zurück! Versuche nicht die Vergangenheit festzuhalten!

Die Auferstehung ist nicht einfach die Wiederherstellung von dem, was war. Jesus lebt jetzt anders, nicht mehr auf Raum und Zeit begrenzt. Er geht zum Vater und hat Macht über die ganze Welt, über Himmel und Erde. Er sagt allen Menschen: Meine Auferstehung soll auch dir zu Gute kommen. Ich rufe auch dich bei deinem Namen. Auch du darfst mit mir leben in Ewigkeit. Auch für dich soll es Ostern werden!

Maria bekommt einen Auftrag: Verkünde das den Jüngern. Sag es weiter! Ich lebe und habe den Tod besiegt. Ich bin Herr über die ganze Welt. Alle Menschen sollen das erfahren.
Und Maria geht und erzählt, was sie gesehen und gehört hat. Und so wird es Ostern. Zunächst bei den Jüngern. Und später immer wieder bei Menschen, die sich von Jesus beim Namen rufen lassen; die erfahren: Jesus lebt – und mit ihm lebe auch ich. Der Tod hat seine Schrecken verloren.

Maria geht und erzählt, was sie gesehen und gehört hat. So wird es Ostern, auch heute Morgen hier bei uns. Weil Marias Geschichte auch zu uns dringt. Und weil wir in ihr und in ihrer Geschichte uns selbst sehen können. Auch uns sieht der Auferstandene in unserer Trauer, so wie Maria damals am Ostermorgen. Und auch uns ruft er beim Namen, um uns die tröstliche Osterbotschaft zu sagen: Der Tod hat nicht mehr das letzte Wort.
Jesus lebt. Und weil er lebt, hat der Tod auch für uns seinen Schrecken verloren. Trotz und in aller Trauer haben wir eine Hoffnung, die stärker ist als die Macht des Todes.

Liebe Gemeinde,
viele von Ihnen haben im vergangenen Jahr hier auf dem Friedhof Abschied genommen von einem lieben Menschen. Viele von Ihnen sind in den folgenden Wochen und Monaten immer wieder hergekommen zum Grab dieses Menschen, traurig und verzweifelt, so wie Maria.

Auch jetzt im Anschluss an diesen Gottesdienst werden viele von Ihnen wieder zum Grab gehen. Heute lade ich Sie ein, eine brennende Osterkerze mitzunehmen und am Grab abzustellen. Als Erinnerung an Maria und ihre Begegnung mit dem Auferstandenen am Ostermorgen. Und als sichtbares Zeichen dafür, dass der Tod seine letzte Macht verloren hat. Und vielleicht können Sie, während Sie die brennende Kerze auf dem Grab sehen, ja spüren, dass der Auferstandene auch Ihnen nahe ist.

Diese Erfahrung wünsche ich Ihnen.

Amen.

Konfirmation

Weiter Raum

Predigt zu Ps 31,9

Liebe Gemeinde, liebe Konfirmandinnen und Konfirmanden!

Unternehmen wir heute Morgen einmal einen Ausflug in die Zukunft – wenn auch nur in Gedanken. Und stellen wir uns vor: Es ist der 03. Mai 2029. Ihr seid 33, 34 oder 35 Jahre alt, euere Konfirmation ist genau 20 Jahre her. Was ist in diesen 20 Jahren passiert? Wie sieht euer Leben aus? Lebt ihr allein oder noch bei den Eltern? Habt ihr eure Frau/euren Mann fürs Leben gefunden, vielleicht schon eigene Kinder? Seid ihr erfolgreich im Beruf oder gibt es da Probleme? Vielleicht ist ja einer von euch ein berühmter Sportler oder Wissenschaftler geworden? Wo werdet ihr wohnen? In Inzlingen, Berlin, New York, Peking oder in Australien?

Was man an diesem gedanklichen Ausflug sieht: Die Zukunft ist offen; was in den nächsten 20 Jahren in unserem, in eurem Leben passieren wird, weiß niemand. Das Leben liegt wie ein weites Land vor euch. Es wartet darauf, dass ihr euren Weg geht, Schritt für Schritt. Dass ihr eure Spur eingrabt in dieses weite Land und so euren ganz persönlichen Weg geht.

Ihr seid keine Maschinen, die funktionieren müssen, und keine Marionetten von irgendeinem Schicksal – und das ist gut so. Das Leben liegt wie ein weites Land vor euch.

Woher kommt diese Freiheit und warum ist das so? Die Bibel sagt: Diese Freiheit ist ein Geschenk Gottes an euch. Der Beter des 31. Psalms sagt das, an Gott gerichtet, so: „Du stellst meine Füße auf weiten Raum.“ (Ps 31,9)

Gott stellt unsere, euere Füße auf weiten Raum, das bedeutet: Gott schenkt euch die Freiheit dazu euer Leben zu gestalten, etwas aus eurem Leben zu machen. Gott traut euch damit viel zu: Dass ihr euer Leben in die eigene Hand nehmen könnt; dass ihr gute Entscheidungen treffen könnt – für euch und auch für andere. Gott traut euch zu, dass ihr Pläne machen und sie auch umsetzen könnt. Gott schenkt euch Freiraum um zu leben und er hat euch dazu Fähigkeiten, Begabungen und Kraft gegeben, sodass ihr etwas aus eurem Leben machen könnt.

Für euren weiteren Weg habe ich drei Wünsche, die ich euch mitgeben möchte. Und diese Wünsche haben alle etwas mit dem Psalmvers zu tun.
Mein erster Wunsch für euch lautet: Ich wünsche euch, dass ihr euch diese Freiheit, diesen weiten Raum zum Leben nicht nehmen lasst, von dem der Psalmbeter spricht. Dass ihr euch nicht einsperren lasst in unsinnige Zwänge. Dass ihr nicht auf Menschen hört, die euch ausnutzen und für dumm verkaufen wollen. Dass ihr unterscheiden lernt zwischen dem, was der Freiheit dient und die Freiheit erhält, und dem, was die Freiheit einschränkt.
Gott hat euch Freiraum zum Leben gegeben. Ich wünsche euch, dass ihr euch diesen Freiraum erhalten und bewahren könnt.

Frei sein, Freiraum haben, das ist etwas Wunderbares. Aber es kann auch bedrohlich sein: Man kann sich in der Weite verlaufen; man kann bei den vielen Wahlmöglichkeiten ins Straucheln kommen: Welches ist die richtige? Wo soll ich hingehen, was sollte ich besser lassen? Welcher Beruf passt zu mir, welcher Partner oder welche Partnerin?
Weil die Freiheit auch ihre Gefahren hat, deshalb hat Gott uns Leitplanken gegeben, die den Freiraum schützen; Leitplanken, die verhindern, dass wir übers Ziel hinausschießen und abstürzen. Die Zehn Gebote sind solche Leitplanken; sie helfen uns, dass wir und unsere Mitmenschen frei bleiben, uns nicht verirren. Dazu habt ihr selbst letzten Sonntag in eurem Konfirmandengesprächs-Gottesdienst einiges gesagt.
Die Zehn Gebote sind wie Leitplanken, die die Freiheit schützen. Und auch die Worte, die Jesus uns gesagt hat, sind wie Leitplanken oder Wegweiser.

Sie helfen uns, dass wir uns in der Freiheit nicht verlieren. Sie zeigen uns den Weg, der wirklich zum Leben führt.
Und genau das ist mein zweiter Wunsch für euch: Ich wünsche euch, dass ihr euch in eurem Leben nicht verirrt und verlauft; dass ihr euch und anderen mit euren Entscheidungen nicht schadet; dass ihr im Leben nicht vom Weg abkommt. Gott hat euch Freiraum zum Leben gegeben. Ich wünsche euch, dass ihr diese Freiheit nicht verspielt.

Wir haben Freiraum zum Leben: das ist ein Geschenk und gleichzeitig eine Aufgabe. Was hilft uns dabei diesen Freiraum gut zu gestalten? Schauen wir nochmals auf den Psalm-Vers: „*Du* stellst meine Füße auf weiten Raum." (Ps 31,9), sagt der Psalmbeter, denn er weiß: Gott schenkt den Freiraum. Und weil Gott uns diesen Freiraum schenkt, weil er uns Raum zum Leben gibt, deshalb ist es gut, mit ihm in Kontakt zu bleiben. Mit Gott in Kontakt bleiben hilft uns, den Freiraum gut zu gestalten. Wir können Gott z.B. danken für gute Erfahrungen, die wir machen. Wenn wir spüren, wie gut es ist zu leben. Wenn wir die Freiheit genießen. Und wir können mit Gott reden, wenn wir wichtige Entscheidungen zu treffen haben, wir können ihn um Rat fragen – er hat uns versprochen, dass er uns antwortet. Gott ist lebendig, er geht mit uns, antwortet uns – das ist die Erfahrung von Menschen seit der Zeit der Bibel bis heute. Das ist mein dritter und letzter Wunsch für euch: Ich wünsche euch, dass ihr den Kontakt zu Gott halten könnt. Weil er euch helfen kann, im weiten Land des Lebens die richtigen Schritte zu gehen. Gott sagt uns zu: Ich gehe mit dir, ich begleite dich auf deinem Weg ins Leben. Du kannst mutig, zuversichtlich und ohne Angst deinen Weg durchs Leben gehen. Gott hat euch Freiraum zum Leben gegeben. Ich wünsche euch, dass ihr spüren dürft, dass Gott euer Leben segnet. Dass er bei euch ist – in guten Tagen und auch dann, wenn einmal schwere Wegstrecken kommen.

Liebe Konfirmandinnen, liebe Konfirmanden,

wie euer Leben im Jahr 2029 aussieht, weiß niemand. Das Leben liegt wie ein weiter Raum vor euch, den Gott euch schenkt. Es liegt an euch, welche Schritte ihr geht. Ich wünsche euch, dass ihr einmal im Rückblick wie der Psalmbeter sagen könnt: Gott hat auch meine Füße auf weiten Raum gestellt. Er ist mit mir gegangen und es war gut.

Amen.

Pfingsten

Im Geist verbunden

Predigt zu Joh 16,5-15

Liebe Gemeinde!

Schmerzlich ist das, was den Jüngern Jesu bevorsteht: Abschied nehmen. Abschied von Jesus, Abschied vom bisherigen Leben. Abschied von dem, der ihr Leben geprägt und bestimmt hat. Von dem, der ihrem Leben Halt und Sinn gegeben hat.

Jesus wird sterben und sie werden zurückbleiben. Allein, auf sich gestellt. Und natürlich fragen sie sich: Wie soll das gehen? Und welchen Sinn soll das alles machen?

Noch ist Jesus da. Aber die Schatten des Todes legen sich bereits über sein Leben. Es ist der Abend vor Karfreitag. Abschiedsstimmung breitet sich aus bei Jesus und seinen Jüngern. Und bei den Jüngern herrscht die bange Frage: Was kommt danach?

Abschied.

Jesus weiß, was seine Jünger in dieser Situation beschäftigt. Er kennt ihre Fragen und Sorgen, er weiß, was sie umtreibt und unruhig sein lässt. Deshalb redet er mit ihnen. Er bereitet seine Jünger auf die Zeit nach seinem Tod vor. Was er ihnen sagt in unserem Predigttext – das ist eine Antwort auf ihre drängenden Fragen und Sorgen. Eine Antwort auf das, was die Jünger umtreibt: auf ihre Trauer, auf ihre Zweifel, auf ihre Orientierungslosigkeit.

Wenn die Jünger an Jesu Tod denken und daran, dass er weg sein wird, dann sind sie voller *Trauer*. Auf einmal wird alles anders sein. Jesus war ihr Leben. Alles haben sie für ihn aufgegeben, sind mit ihm durchs Land gezogen. Jeden Tag waren sie mit ihm zusammen, haben seine Nähe erfahren und wurden von ihm gestärkt. Er war ihre Hoffnung, ihr Leben. Soll das jetzt alles vorbei sein? Träume – geplatzt wie Seifenblasen? Das Leben mit ihm – eine einzige Enttäuschung? Ihr eigenes Leben – nur noch ein Scherbenhaufen?

Jesus kennt diese Sorge der Jünger. Er weiß, dass für sie alles auf dem Spiel steht. Er kennt ihre Trauer und ihre Unsicherheit. Und er antwortet ihnen: Wenn ich gehe, dann sende ich den Helfer, den Tröster zu euch. Ich werde weg sein, aber ihr bleibt nicht allein. Auch wenn ich gehe, seid ihr nicht auf euch selbst gestellt. Der Helfer wird kommen. Er wird meinen Platz einnehmen. Und ihr werdet die Kraft und die Geborgenheit spüren, die von ihm ausgehen. Sicher, ich bin dann nicht mehr da. Aber der Helfer, der Tröster wird euch mit mir verbinden. Durch seine Kraft werde ich weiter bei euch sein. Auch wenn ihr mich nicht sehen werdet – durch den Geist werdet ihr spüren, dass ich da bin. Und dann werdet ihr nicht mehr traurig sein.

Trauer empfinden die Jünger, wenn sie an Jesu Tod denken. Und zugleich bekommen sie *Zweifel*: Zweifel, ob sie gegen die Welt und ihre Macht bestehen können. Ob sie die Kraft und den Mut haben werden, sich zu Jesus zu bekennen – auch wenn er nicht mehr bei ihnen ist und eingreifen kann. Solange Jesus da war, konnte er eingreifen, wenn sie angegriffen wurden. Er konnte mutig auftreten und Gottes Wahrheit verkünden. Er konnte den Mächtigen die Stirn bieten. Bei ihm waren dann auch die Jünger sicher und geborgen. Aber wenn er weg ist – wie soll es dann weitergehen? Werden sie den Mut haben, sich weiterhin zu Jesus zu bekennen? Und wer wird ihnen beistehen in dieser feindlichen Welt, in der alle gegen sie sind und sie wegen des Glaubens angreifen und verlachen? Wer wird sie stärken, wenn Verfolgungen kommen?

Jesus kennt auch diese Sorge. Er kennt die Angst der Jünger und ihre Unsicherheit. Er weiß, dass ihr Glaube gefährdet ist und sie in Anfechtung geraten, wenn sie angegriffen werden. Dass sie unsicher sind, wenn sie ihren Glauben verteidigen müssen. Deshalb sagt er ihnen: Der Heilige Geist selbst

wird gegen die Welt auftreten. Er selbst wird mich gegenüber der Welt bezeugen. Er wird den Menschen zeigen, dass meine Worte wahr sind. Er wird die Menschen überführen und ihnen die Augen darüber öffnen, dass es Sünde ist, wenn man mich ablehnt.
Und er wird ihnen zeigen, dass sie, die meinen, die Macht zu haben, dass sie in Wahrheit nur eine vorläufige Macht haben, denn der Herrscher der Welt ist schon verurteilt.
Ich werde zwar nicht mehr bei euch sein und mich schützend vor euch stellen können und euch bestärken; aber: ihr könnt mutig für Gottes Wahrheit eintreten, weil euch der Heilige Geist dabei hilft und begleitet. Er wird euch die richtigen Worte schenken und euch stärken. Und er wird euch immer wieder daran erinnern, dass die letzte Macht in Gottes Hand liegt und nicht bei denen, die sich selbst für mächtig halten und euch angreifen oder verfolgen.

Trauer und Zweifel überfällt die Jünger, wenn sie an Jesu Tod denken. Und zugleich spüren sie ihre *Orientierungslosigkeit*. Sie fragen sich, wie sie ohne Jesus wissen sollen, in welche Richtung es gehen soll, was richtig und was falsch ist. Bisher, da konnten sie ihn direkt fragen und er konnte ihnen direkt antworten. Aber wie sollen sie auf dem richtigen Weg bleiben, wenn er nicht mehr bei ihnen ist?
Jesus kennt auch diese Sorge. Er kennt die Orientierungslosigkeit und die Unsicherheit der Jünger. Er weiß um ihre Angst sich im Dschungel des Lebens zu verlieren. Er antwortet ihnen: Der Heilige Geist wird euch anleiten, in der vollen Wahrheit zu leben. Er wird euch zeigen, was Wahrheit ist und was Lüge. Er wird euch helfen, den richtigen Weg zu gehen und die falschen Wege zu meiden. Denn der Heilige Geist lässt meine Worte lebendig werden. Wenn ihr euch später erinnern werdet, was ich zu euch gesagt habe, wenn ihr meine Worte aufschreibt und nachlest, dann wird der Heilige Geist bei euch sein. Und er wird euch erklären, was meine Worte für euch in eurer Situation konkret bedeuten. So spricht er zu euch und zeigt euch, was ihr tun

sollt. Was auch immer kommen mag – der Geist wird euch darauf vorbereiten und ihr werdet spüren, was ihr tun sollt.

Liebe Gemeinde,
was die Jünger vor sich haben, ist schwer. Jesus wird sterben und sie werden zurückbleiben. In dieser Situation macht Jesus ihnen Mut: Ihr seid nicht allein. Der Heilige Geist ist bei euch und er verbindet euch mit mir.
Vielleicht kennen wir diese Situation nur zu gut. Den Zweifel, ob das wirklich alles stimmt mit Gott, ob der Glaube unser Leben zu tragen vermag. Die Orientierungslosigkeit: Wo soll es hingehen in meinem Leben? Was ist für mich jetzt von Gott her dran? Vielleicht manchmal auch die Schwere der Traurigkeit, dass er nicht sichtbar da ist. So möchte dieser Abschnitt aus dem Johannesevangelium auch uns Mut machen:
Durch den Geist ist Jesus selbst auch bei uns. Und deshalb können wir als seine Jünger in der Welt leben – begeistert vom Heiligen Geist. Mutig und fröhlich können wir sein. Denn der Geist ist bei uns und wird uns den Weg zeigen und leiten.
Amen.

Trinitatiszeit

Den Frieden suchen

Predigt zu Mt 5,38-48

Liebe Gemeinde!
Es gibt Bibeltexte, mit denen hat man seine ganz persönliche Geschichte. Sie tauchen an verschiedenen Stellen des Lebens immer wieder auf – und jedes Mal haben sie etwas Neues zu sagen. So geht es mir mit den Worten Jesu aus der Bergpredigt, die wir eben gehört haben. Sie begleiten mich schon über Jahre hinweg. Und immer wieder entdecke ich etwas Neues an ihnen.

Meine erste bewusste Begegnung mit diesen Jesusworten hatte ich als Jugendlicher. Es ist Mitte der Achtzigerjahre, in Deutschland wird heftig über das Thema Nachrüstung gestritten.
„Liebt eure Feinde!" – dieser Satz aus der Bergpredigt wird vom christlichen Teil der Friedensbewegung immer wieder vorgebracht um gegen die Stationierung von neuen Atomwaffen zu argumentieren. Und damit ist die Bergpredigt auf einmal in der öffentlichen Diskussion. Ihr Text wird in Tageszeitungen abgedruckt und Franz Alt schreibt unter dem Titel „Frieden ist möglich", dass man mit der Bergpredigt Friedenspolitik machen kann und soll.
Mich faszinieren solche Gedanken als Jugendlicher: Da sind Christen, die sich mit der sich immer schneller drehenden Rüstungsspirale nicht abfinden wollen. Menschen, die davon überzeugt sind, dass es auch anders gehen muss. Und dann die Worte Jesu in der Bergpredigt: Diese Radikalität, dieser Klarheit!
Dieser Abschnitt aus der Bergpredigt wird zum Grund dafür, dass ich nicht zur Bundeswehr gehe, sondern Zivildienst leiste. Und ich bin überzeugt davon, dass dies der richtige Weg ist – in aller jugendlichen Bescheidenheit: nicht nur für mich, sondern für die Kirche und die Gesellschaft insgesamt: Die

Bergpredigt als politisches Programm, als Handlungsanweisung für Regierungen, als Weg zum weltweiten Frieden.

Einige Jahre später – in der Mitte meines Theologiestudiums. Der Ost-West-Konflikt ist bereits Geschichte. Dafür kommt der Krieg nun fast vor die Haustür, ins ehemalige Jugoslawien. Und Deutschland wird von einer Welle rechtsextremistischer Anschläge erfasst. Auf all das gewaltlos reagieren? Einfach die andere Backe hinhalten, wenn junge Neonazis Häuser in Brand stecken und Nationalisten Kriege gegen Nachbarvölker anzetteln? Mir kommen Zweifel an dieser Deutung der Bergpredigt und ich beginne mich mit Martin Luther zu beschäftigen. Und da begegnen mir diese Worte aus der Bergpredigt zum zweiten Mal, jetzt in der Auslegung von Martin Luther. Er sagt: Für sich persönlich soll ein Christ auf Gewalt verzichten, die andere Backe hinhalten, so wie es Jesus hier in der Bergpredigt sagt. In seinem privaten Leben soll er Unrecht erleiden und sich nicht dagegen wehren. Aber für den politischen Bereich, so Luther, gilt das nicht. Da hat Gott die Regierungen eingesetzt und ihnen, so wie es im Römerbrief heißt, „das Schwert" gegeben, also den Auftrag sich für Recht und Ordnung einzusetzen, wenn nötig auch mit Gewalt.

Die Bergpredigt also als Handlungsanweisung für Christen nur in ihrem privaten Leben? Irgendwie einleuchtend. Und trotzdem die Frage: Wird Jesu Worten damit nicht die Spitze genommen? Ist diese Deutung nicht auch eine Flucht vor der Radikalität der Bergpredigt? Der Versuch sie ein wenig zu glätten?

Eine weitere Deutung begegnet mir zu dieser Zeit. Sie lautet: Jesus geht es in der Bergpredigt um so etwas wie einen symbolischen Protest gegen Gewalt; um eine kurze Unterbrechung der Spirale der Gewalt, aus der sich vielleicht etwas Neues entwickeln kann. Wer geschlagen wird und dem Schläger auch die andere Backe hinhält, demonstrativ und provozierend, der macht deutlich: Ich bin mit dieser Gewalt nicht einverstanden, ich halte sie für falsch. Und wenn du einen Augenblick nachdenkst, wirst du das auch erkennen!

Wieder einige Jahre später: Jesu Worte aus der Bergpredigt begegnen mir zum dritten Mal. Ich bin inzwischen Vikar und predige in einem Gottesdienst über diesen Text. Der Gedanke, Gewaltverzicht sei ein symbolischer Protest gegen Gewalt, ist ein wichtiger Gedanke in meiner Predigt. Nach dem Gottesdienst kommt eine Frau auf mich zu und sagt: „Sie haben davon geredet, dass man die andere Backe hinhalten und so gegen Gewalt protestieren soll. Aber wie ist das denn, wenn in einer Familie der Mann die anderen Familienmitglieder schlägt? Soll man sich das wirklich gefallen lassen?“ Wir kommen ins Gespräch und ich merke, dass ich mit meinem bisherigen Verständnis dieses Bibeltextes hier nicht recht weiterkomme. Symbolischer Protest, Zeichen gegen Gewalt: Was nützt das in einer Situation, die bereits von jahrelanger Gewalt geprägt ist, wo sich Verhaltensmuster längst eingeschliffen haben? Was nützt da symbolischer Protest – zumal dann, wenn die Gewalt im Verborgenen, abseits der Öffentlichkeit stattfindet? Kann man einem Menschen, der in der schwächeren Position ist, wirklich sagen: Als Christ musst du das aushalten und darfst dich nicht wehren? Wie viel Leben wird durch solche Gewalt zerstört, wie viel Freiraum verhindert! Wie viele Chancen werden dadurch vernichtet – Chancen, die Gott doch geschenkt hat!
Ist dieser symbolische Protest gegen Gewalt nicht nur aus einer Position der Stärke heraus möglich? Wenn ich ihn bewusst einsetze um ein bestimmtes Ziel zu erreichen? Wenn ich aus einer inneren Freiheit heraus auf Gegengewalt verzichte? Nicht als Opfer, sondern als aktiver, aber gewaltloser Akteur?

Eine letzte Erinnerung: Der Sommerurlaub in diesem Jahr. Noch einmal begegnen mir Jesu Worte aus der Bergpredigt, und zwar in meiner Urlaubslektüre: „Und wir sind dabei gewesen“, die Autobiographie von Christian Führer. Er war lange Jahre Pfarrer an der Nikolaikirche in Leipzig, an der Kirche, von der aus die Friedensgebete in der DDR ihren Ausgang nahmen, die dann maßgeblich zur friedlichen Revolution 1989 beitrugen. Beim Lesen beeindruckt mich immer wieder, welche Kraft Christian Führer dem Gottesdienst und dem Gebet beimisst. Und wie er, gerade in der entscheidenden Phase des Protests, immer wieder Gewaltverzicht anmahnt. Wenn die Stasi provoziert, mit Worten oder mit Rempeleien, sollen Christen sich nicht zu Gegengewalt provozieren lassen, so sagt er immer wieder mit Verweis auf Jesu Worte in der Bergpredigt. Faszinierend zu lesen, wie gerade diese gewaltlose Bewegung eine ungeheuere Kraft entfaltet. Wie gerade Jesu Geist der Gewaltlosigkeit dazu beiträgt ein gewalttätiges System zu stürzen. Faszinierend und erstaunlich – wohl auch für die Machthaber selbst. Vom Präsidenten der DDR-Volkskammer wird der Satz überliefert: „Wir waren auf alles vorbereitet, nur nicht auf Kerzen und Gebete.“ Faszinierend und erstaunlich, welche Wunder geschehen können, wo Menschen sich von Jesu Worten begeistern und mitreisen lassen! Faszinierend, welch eine Kraft die Gewaltlosigkeit entwickeln kann. Die Bergpredigt – also vielleicht doch mehr als nur eine Richtschnur für das private Christenleben? Vielleicht doch eine Kraft, die auch Diktaturen zum Einsturz bringen kann?

So weit also meine persönlichen Erfahrungen mit Jesu Worten zum Gewaltverzicht und zur Feindesliebe: Von der Friedensbewegung über Martin Luther, Gewalt in der Familie bis zur friedlichen Revolution von 1989.

Liebe Gemeinde, Sie haben es beim Zuhören wohl gemerkt: Fertig bin ich mit diesen Worten noch immer nicht. Aber vielleicht ist das ja gerade das Besondere und das Faszinierende an Bibelworten: Sie fordern uns immer wieder neu heraus. Sie sind in einem guten Sinn sperrig und entziehen sich einfachen Antworten. Sie lassen es nicht zu, dass wir irgendwann einmal mit ihnen fertig sind. Sie bringen uns immer wieder neu in Bewegung. Sie fordern uns dazu heraus, dass wir unsere ganz persönliche Antwort geben.

Ich denke, das ist eine heilsame Unruhe. Sie hält uns lebendig und sie hält uns in Kontakt mit Gott. Und konkret im Blick auf die Bergpredigt: Diese Unruhe, die von Jesu Worten herkommt, verhindert, dass wir uns zu schnell abfinden mit der Gewalt. Dass wir zu schnell resignieren und sagen: Man kann ja doch nichts machen.

Jesu Worte halten unsere Sehnsucht nach Frieden lebendig. Und sie spornen uns an diesen Frieden zu suchen, jeden Tag neu.

Amen.

Trinitatiszeit

Was muss ich tun...?

Predigt zu Lk 10,25-37

Liebe Gemeinde,

Ratgeber haben Konjunktur. Sie füllen ganze Regale in den Buchläden. Tu dies und lasse das! Vereinfache dein Leben! Ernähre dich bewusst! Gib deiner Partnerschaft neue Impulse! Sorge vor für die Rente!

Und wenn du das alles und noch viel mehr tust, so lautet die heimliche Botschaft der zahllosen Ratgeber, dann kannst du ein gutes, ein sinnvolles, ein erfülltes Leben führen. Und wer wollte das nicht: sinnvoll leben, erfüllt leben? Die Frage, wie man zu solchem Leben kommt, ist eine uralte Menschheitsfrage. Schon Jesus bekam sie gestellt. Hören wir dazu Worte aus dem Lukasevangelium im zehnten Kapitel; abschnittsweise, jeweils mit einigen angefügten Gedanken und Erklärungen.

Lukas 10, 25

Die Sehnsucht nach dem wahren Leben ist groß – damals wie heute. Der Schriftgelehrte stellt *die* Frage für uns Menschen schlechthin: Was muss ich tun, dass ich das ewige Leben ererbe? Was muss ich tun, damit mein Leben gelingt, damit es ein sinnvolles und erfülltes Leben wird, für mich und für andere? Wofür lebe ich eigentlich, wofür sollte sich leben? Wofür werde ich gebraucht? Wofür lohnt es sich alles einzusetzen? Was muss ich tun...

Lukas 10,26-28

Was muss ich tun? Jesus lässt den Schriftgelehrten selbst die Antwort geben: Gott über alles lieben – und meinen Nächsten wie mich selbst. So steht es in

der Heiligen Schrift. Das weiß der Schriftgelehrte, das weiß Jesus, denn beide kennen die Heilige Schrift in- und auswendig. Sie sind sich einig. Gottesliebe und Nächstenliebe – das ist der Weg zum ewigen Leben. So weit ist alles klar.
Du hast recht geantwortet, sagt Jesus deshalb zu dem Schriftgelehrten. Tu das, so wirst du leben!

Lukas 10,29

Eigentlich ist der Weg klar: Gott und den Nächsten lieben. Aber wo es konkret wird, fangen die Schwierigkeiten an: Wer ist denn mein Nächster? Ja, wer eigentlich? Wer mir nahe steht, so mag man spontan denken, der ist mein Nächster. Meine Familie, meine Geschwister im Glauben. Vielleicht denkt der Schriftgelehrte: Für die habe ich doch schon immer gesorgt. Die habe ich doch schon immer geliebt. Vielleicht will er sich rechtfertigen: Das tue ich schon; ich liebe die schon, die mir nahe stehen; ich lebe schon recht. Vielleicht sucht er auch nur eine Ausrede, weil er merkt: So wirklich bin ich noch nicht auf diesem Weg, der zum Leben führt. Den richtigen Weg erkennen und ihn wirklich gehen, das ist nicht unbedingt dasselbe!
Wer also ist mein Nächster? Und was heißt das genau: den Weg der Gottes- und Nächstenliebe gehen? Um das zu verdeutlichen, erzählt Jesus eine Geschichte.

Lukas 10,30-32

Ein Mensch, so erzählt Jesus, fällt unter die Räuber. Ein Mensch, mehr erfahren wir nicht. Vielleicht ein Kaufmann, der auf der Handelsstraße nach Jericho unterwegs ist. Vielleicht ein Fremder. Wohlhabend vielleicht. Wir wissen es nicht. Er ist ein Mensch und er gerät in Not, nur darauf kommt es an. Mehr ist nicht wichtig zu wissen. Ein Mensch gerät in Not, er braucht Hilfe!

Von religiösen Menschen erwartet man eigentlich, dass sie helfen. Ein Priester kommt vorbei und sieht den Fremden. Gerade hat er einen Gottesdienst im Tempel gefeiert, nun zieht er hinab, von Jerusalem, dem Tempelberg, durch die Wüste hinunter in die Oasenstadt Jericho. Er weiß, worauf es in seiner Religion ankommt: Gott lieben, den Nächsten lieben. Er weiß es und er sieht den Mann dort am Straßenrand liegen. Aber das Leid des Fremden bewegt ihn nicht. Er kennt ihn nicht, er lässt ihn links liegen. Das griechische Wort sagt sogar: er weicht ihm aus. Was mag er denken, der Priester: Der Fremde kümmert mich nicht? Er gehört doch nicht zu uns? Oder ist er einfach noch in Hochstimmung von dem schönen Gottesdienst, den er gefeiert hat, wie auf Wolke sieben vom vielen Loben und Preisen, sodass er sich diese Stimmung nicht durch das Leid zerstören lassen will? Wie auch immer – der Priester geht vorbei, der Levit, heute würden wir sagen: Kirchendiener, geht auch vorbei; auch er weicht dem unter die Räuber Gefallenen aus.

Lukas 10,33-35

Ausgerechnet ein Samariter hilft! Einer aus Samarien, ein Ausländer, ein Fremder! Ausgerechnet einer aus Samaria! Wo doch jeder in Israel weiß, dass die Menschen in Samaria nicht richtig glauben!
Ausgerechnet ein Samariter hilft. Und begreift dadurch besser, was Gott uns sagen will, als die Frommen in Jerusalem.
Der Samariter sieht den Fremden, er sieht seine Not – und er lässt sich anrühren! Die Not des Fremden geht ihm durch und durch, wörtlich: sie dreht ihm die Eingeweide um. Und auf einmal fallen die Mauern zwischen den Menschen. Für einen Augenblick nur, aber immerhin. „Und als er ihn sah, jammerte er ihn." – der Samariter erkennt: Hier liegt einer wie ich, ein Geschöpf Gottes. Und er braucht Hilfe. Jetzt zählen keine Ausreden oder Vorurteile mehr: dass er nicht zu meinem Volk gehört; dass er doch selbst schuld ist, weil er sich in Gefahr begeben hat. Jetzt fallen die Grenzen, mit denen wir

uns die Not der anderen vom Leib halten: Hier liegt ein Mensch, der Hilfe braucht. Und der Samariter lässt sich anrühren.
„Was muss ich tun, damit ich das ewige Leben ererbe?“ – Gott und den Nächsten lieben, so hat der Schriftgelehrte recht geantwortet.
Jesus macht deutlich: Gott und den Menschen lieben – das geschieht, wenn wir uns anrühren lassen vom Anblick dessen, der Hilfe braucht.
Im Angesicht des Menschen, der unter die Räuber fällt, rührt uns Gott an. Und wer Gott liebt, kann nicht einfach achtlos vorübergehen. Denn in dem, der unter die Räuber gefallen ist, blickt uns Gott selbst an.

Lukas 10,36-37

Wo Jesus seine Gleichnisse erzählt, wo er Menschen Gottes neue Welt in Geschichten und Vergleichen anschaulich macht, da bricht das Reich Gottes an. Da wird Gottes neue Welt schon jetzt Wirklichkeit. Und wie so oft, so verändert sich auch hier in diesem Gleichnis die Blickrichtung: „Wer ist mein Nächster“ – so lautet die Ausgangsfrage des Schriftgelehrten. Am Schluss kehrt Jesus die Frage um: Wer ist dem in Not Geratenen zum Nächsten geworden? Darum geht es: Nicht abstrakt zu philosophieren, wer wohl unser Nächster sein könnte. Sondern zu schauen: Wem kann *ich* zum Nächsten werden und was konkret kann ich tun, dass für diesen Menschen ein Funke von Gottes neuer Welt aufscheint? Wem kann *ich* zum Nächsten werden? Wo lasse *ich* mich anrühren von der Not eines anderen; nicht mitleidig, von oben herab, um dann gönnerhaft, gnädig etwas zu tun; sondern anrühren in der Tiefe des Herzens, so dass es mich zum Mitklagen, Mitschreien, Mitschweigen, Mit-Tun, Eingreifen bewegt?
Genau darum geht es: dass wir uns anrühren lassen von der Not eines anderen und dass so die Mauern zwischen uns fallen. Dann wird Leben sichtbar. Wahres Leben. Leben wie Gott es gemeint hat. Ewiges Leben.
Amen.

Michaelis

Von Engeln und Kämpfen

Predigt zu Eph 6,10-20

Liebe Gemeinde!

Die Schlosskirche in Beuggen hat eine wechselvolle Geschichte hinter sich. Seit einigen Jahren beten die Mitglieder der Kommunität Beuggen dort ihre Tagzeitengebete. Wenn wir in der evangelischen Tagungs- und Begegnungsstätte Schloss Beuggen Kurse zum Thema Gottesdienstgestaltung und Predigt abhalten, üben wir in der Schlosskirche mit den Teilnehmerinnen und Teilnehmern. Heute also ist die Kirche ein Ort für Andachten und Fortbildungen. Früher war sie eine Ritterkirche, der Versammlungs- und Andachtsraum des Deutschen Ordens. Die Wappen und die Totenköpfe an der Wand geben noch Zeugnis davon. Vorne im Altarraum, dem ehemaligen Oratorium, sieht man überlebensgroß den Erzengel Michael, wie er gegen den Drachen kämpft. Wappen und Totenköpfe, ein kämpfender Engel, ein Gebetsraum für Ritter. Viele Menschen, die in die Kirche kommen, tun sich damit schwer.

Das riecht förmlich nach Kreuzzügen, Intoleranz und gewalttätig-fanatischem Christentum. So kann man doch eigentlich eine Kirche nicht gestalten, höre ich immer wieder. Was transportieren wir damit für ein Bild vom Christentum: grausam, gewalttätig, intolerant! Dann fällt immer wieder der Einwand, dass das Neue Testament doch ganz anders von Gott und vom Glauben redet: vom lieben und liebenden Gott; davon, dass Jesu Jünger sanftmütig und gewaltlos leben sollen. Meine eigene Reaktion auf diese Begegnungen, die ich in Beuggen immer wieder habe, ist zwiespältig. Ich möchte nicht zurück zum Kreuzzugs-Christentum, nein, ganz sicher nicht. Ich denke auch, dass der martialische Michael, der die Blicke im Altarraum auf sich zieht, nicht mehr recht passt zu unserer heutigen Art, Christsein zu leben. Gewalttätig und intolerant, so sollen wir Christen nicht mehr sein, so will auch ich nicht sein.

Aber was ist die Alternative? Sollen wir mit den kriegerischen Bildern zugleich die Dimension des Kämpfens aufgeben? Sollen wir uns darauf zurückziehen, immer nur freundlich, nachgiebig und tolerant zu sein – einfach nett? Wird unser Leben und Glauben damit nicht kraftlos, langweilig und fad? Ist der liebe Gott, den wir dann verkünden, nicht so nett und harmlos, dass er niemanden mehr aufregt und niemanden mehr berührt? Ich merke: Dieser harmlose Glaube mit diesem viel zu lieben Gott überzeugt mich auch nicht. Wie aber kann man leidenschaftlich, engagiert und begeistert, eben im guten Sinne kämpferisch glauben, ohne fanatisch und intolerant zu werden? Wie kann der Glaube Kraft gewinnen ohne dass er anderen schadet?
Der Abschnitt aus dem Epheserbrief, den wir heute Morgen bedenken möchten, ist so etwas wie eine Anleitung zu einem im guten Sinne kämpferischen Christentum. Er ist eine Anleitung für ein leidenschaftliches, engagiertes Leben aus dem Glauben. Hören wir aus Kapitel 6 die Verse 10-20.

Eph 6,10-20

Eine Ermahnung und Ermutigung zu einem leidenschaftlichen, engagierten Leben aus dem Glauben. Wie sieht solch ein Christentum aus? Drei Gedanken aus dem Predigttext möchte ich mit Ihnen heute Morgen genauer bedenken.
Der erste Gedanke: *Leidenschaftliches, kämpferisches Christentum kämpft gegen die Mächte des Bösen.* Das Engagement, der Einsatz, der Kampf ist für den Glauben also kein Selbstzweck. Es geht nicht einfach darum, irgendwie für irgendwas zu kämpfen, sich irgendwo für irgendwas zu engagieren. Im Kampf des Glaubens gibt es ganz klare Gegner: „Mächtige“ und „Gewaltige“ nennt sie der Epheserbrief, „Herren der Welt“ und „böse Geiser“.
Allesamt Umschreibungen für die Mächte des Bösen. Aber wie soll man sich diese Mächte des Bösen genau vorstellen? Wer oder was ist denn so böse, dass man dagegen ankämpfen müsste? Die alten Mönche haben die bösen

Mächte, die „Dämonen", wie sie sie nannten, innen gesucht. Für sie war der Kampf gegen das Böse vor allem eine Auseinandersetzung mit eigenen Lastern und schlechten Gewohnheiten. Der Kampfplatz zwischen gut und böse war das eigene Herz. Das klingt ungewohnt in einer Zeit, in der der Slogan „ich bin ok, du bist ok" zur vorherrschenden Lebenseinstellung geworden ist. Ungewohnt in einer Zeit, in der man eigene Schwächen und Fehler gerne mit dem Verweis auf die eigene Geschichte oder die widrigen Verhältnisse entschuldigt. Und doch glaube ich: Die alten Mönche verstanden an diesem Punkt mehr vom Christsein als wir heute. Sie hatten ein Gespür dafür, dass Christentum nur dann engagiert und kraftvoll, eben im guten Sinne kämpferisch sein kann, wenn ich bei mir selbst beginne. Wenn ich den Kampf mit dem Bösen in mir aufnehme.

Mit den Angewohnheiten, Eigenschaften und Verhaltensweisen, mit denen ich mir selbst und anderen schade. Mit all dem in mir, was mich und andere vom Leben abschneidet. Mein Christsein kann nur dann engagiert und kraftvoll sein, wenn ich bereit bin, mich von Gott verändern zu lassen. Wenn ich es nicht scheue an mir zu arbeiten. Leidenschaftlich, kämpferisch Christ sein heißt deshalb zunächst einmal: Mich selbst immer wieder der Gegenwart Gottes aussetzen und im Licht von seinem Wort erkennen, wie ich wirklich bin.

Dieser Kampf gegen das Böse in mir ist nur möglich in beständigem Kontakt mit Gott. Dies führt mich zum zweiten Gedanken: *Leidenschaftliches, kämpferisches Christentum braucht die Kraftquelle des Gebets.*

Der Epheserbrief verbindet beides eindrücklich. Er ruft zunächst zum Kampf gegen das Böse und dann zum leidenschaftlichen Gebet auf. Beides gehört zusammen: Kein Kampf ohne Gebet, kein Engagement ohne den Rückzug in den Kontakt mit Gott.

Roger Schutz, der Gründer von Taizé, der sich mit seiner Gemeinschaft unermüdlich für Frieden und Versöhnung eingesetzt hat, schreibt einmal: Kampf und Kontemplation, also Engagement und Zur-Ruhe-Kommen bei Gott – beides braucht ein lebendiger Glaube. Ohne das Gebet wird der Kampf schnell kraftlos. Man schöpft nur noch aus den eigenen Quellen und die können schnell versiegen. Aber ohne Kampf, Leidenschaft und Engagement wird das Gebet oberflächlich und selbstbezogen, kreist nur noch um die Erfüllung egoistischer Wünsche. Wo aber Gebet und Engagement sich verbinden, da klärt sich immer wieder, worauf der geistliche Kampf zielt.

Das ist der dritte Gedanke in unserem Abschnitt aus dem Epheserbrief: *Leidenschaftliches, kämpferisches Christentum zielt auf Frieden.*
Seid „bereit einzutreten für das Evangelium des Friedens“, so heißt es hier im Epheserbrief. Der Kampf gegen das Böse ist also kein Kampf, der anderen Menschen schadet. Im Gegenteil: Er ist vor allem ein Eintreten *für* etwas, nämlich für Gottes umfassenden Frieden, für Gottes Schalom. Darauf zielt der geistliche Kampf, der bei mir selbst, bei dem Bösen in mir beginnt, der dann aber nicht bei mir stehen bleibt, sondern sich ausstreckt, ausweitet um das Gesicht der Welt zu verändern. Weil er auf Frieden zielt, verwendet er auch friedliche Mittel, kämpft nicht mit Waffengewalt, sondern mit dem Wort Gottes. Gerade im vergangenen 20. Jahrhundert hat es eindrückliche Beispiele dafür gegeben, wo Christen aus dem Gebet heraus den Kampf gegen böse, lebensfeindliche Mächte aufgenommen haben. Dietrich Bonhoeffer etwa, von dem überliefert ist, wie wichtig ihm die Zeiten des Gebets waren. Vor allem zwei Dinge, so schreibt er einmal, sind für Christen heute wichtig: Das Gebet und das Tun des Gerechten. Nur ein Beispiel von vielen dafür, wie das Christentum seine kämpferische, leidenschaftliche Seite wiederentdeckt hat. Nur ein Beispiel dafür, wie Spiritualität und Engagement, Kampf und Kontemplation sich verbinden.

Liebe Gemeinde, eine Anleitung zum leidenschaftlichen, kämpferischen Christentum gibt uns der Epheserbrief heute Morgen mit auf den Weg. Ich bin überzeugt: Wir brauchen diese kämpferische, engagierte Seite unseres Glaubens, damit er nicht kraftlos wird. Genauso brauchen wir die Zeiten der Begegnung mit Gott, in denen wir uns wieder neu ausrichten, damit unser Kampf nicht ziellos, nicht Selbstzweck wird. Spiritualität und Engagement, Kampf und Kontemplation – beides gehört zusammen, das eine ist nicht ohne das andere zu haben.

Die Schlosskirche in Beuggen soll übrigens umgestaltet werden. In einem Architektenwettbewerb erhielten die teilnehmenden Architekturbüros unter anderem den Auftrag, das Thema „Kampf und Kontemplation" in die heutige Zeit zu übertragen. Der Siegerentwurf, der nun umgesetzt wird, begeistert mich: Der martialische Michael verschwindet hinter einem Vorhang. Das Oratorium wird wieder ein Gebetsraum – für die Kommunität ebenso wie für die Touristen und Gäste, die nach Beuggen kommen. Ein Ort, um die Welt ins Gebet zu nehmen. Im neu gestalteten Altarbereich im Kirchenschiff werden Zitate aus der Kirchengeschichte zu lesen sein, eingemeißelt in den Stein des Fußbodens. Zitate, die alle mit Kampf und Kontemplation zu tun haben, aus der Bibel, von Luther, Bonhoeffer und manchen anderen. So wird die neu gestaltete Schlosskirche ein sichtbares Zeichen dafür sein, dass der Kampf ebenso zu unserem Glauben gehört wie die Kontemplation. Kreuzritter möchten wir nicht mehr sein, Fanatiker auch nicht. Aber kämpfen, uns leidenschaftlich einsetzen für eine friedliche und gerechte Welt, das wollen wir schon. Drunter geht es nicht – für einen einzelnen Christen und für unsere Kirche.

Amen.

Erntedank

Alles erlaubt!

Predigt zu 1. Tim 4,4-5

Liebe Gemeinde!

Was darf eine Christin, was darf ein Christ alles *nicht*?

Je nachdem, wen man fragt, je nachdem, welche christliche Zeitschrift oder welches Buch man liest, erhält man unterschiedliche Antworten:

Ein Christ darf kein Fleisch essen, weil man Tiere nicht töten darf. Eine Christin darf keinen Alkohol trinken – und wenn doch, dann nur ganz wenig. Ein Christ darf keinen Kaffee trinken, es sei denn, er ist fair gehandelt, sonst unterstützt er die weltweite Ausbeutung. Eine Christin darf nicht tanzen, das ist unsittlich für Christen. Ein Christ darf nicht küssen, wenn er nicht mindestens verlobt ist.

Das sind nur wenige Beispiele. Und auch wenn Ihnen manches davon absurd vorkommen mag – all das wird tatsächlich immer wieder einmal behauptet. Christen dürfen vieles nicht; sie sollen dieses nicht benutzen und jenes nicht gebrauchen; sie sollen sich von vielem enthalten.

Kein Wunder, dass manche Zeitgenossen meinen, das Christentum bestehe vor allem aus Vorschriften, Regeln und Verboten.

Dass dem nicht so ist, lehrt ein Blick ins Neue Testament, genauer in den ersten Timotheusbrief. Dort heißt es im vierten Kapitel:

1. Tim 4,4-5

Christen dürfen dies nicht essen, jenes nicht gebrauchen? Falsch – sagt der erste Timotheusbrief. Falsch – „denn alles, was Gott geschaffen hat, ist gut, und nichts ist verwerflich, was mit Danksagung empfangen wird“ (1. Tim 4,4).

Alles, was Gott geschaffen hat, ist gut. **Alles!** Menschen mit ihren Körpern, Tiere, Weintrauben, alle übrigen Pflanzen. Alles, was Gott geschaffen hat, ist gut. Es gibt keine Schöpfung erster und zweiter Klasse. Alles ist gut. Und deshalb dürfen die Menschen auch *alles* dankbar gebrauchen, was Gott geschaffen hat.

Alles: Jede Pflanze dürfen wir ernten und verarbeiten: Weintraube und Kaffee, Zuckerrübe und Korn. Alles! Alles, was Gott geschaffen hat, dürfen wir gebrauchen. Die einzige Bedingung ist: mit Danksagung!

Die einzige Bedingung ist, dass wir Gott für die Gaben danken. Darauf kommt es an. Nicht ängstlich zu überlegen: Darf ich dies oder das essen, darf ich dies oder jenes gebrauchen. Sondern: dankbar Gottes Gaben annehmen. Dankbar alles annehmen, was Gott geschaffen hat:

Dankbar mich selbst annehmen mit allem, was zu mir gehört. Auch mit meinem Körper, auch mit meiner Fähigkeit zu lieben; Liebe ist ein Geschenk Gottes, für das ich dankbar sein darf.

Dankbar auch die Tiere annehmen, die Gott geschaffen hat; zunächst als Gefährten, als Mitgeschöpfe, die Ehrfurcht, Schutz und Achtung verdient haben. Aber auch als Nahrungsmittel, damit ich selbst satt werden kann.

Schließlich dankbar die Pflanzen annehmen: Staunen über ihren unendlichen Reichtum. Ihre Früchte ernten und dankbar davon essen – mit Freude, nicht mit schlechtem Gewissen.

Aber spätestens jetzt wird sich mancher fragen: Ist denn dann alles erlaubt? Schauen wir noch einmal in das Neue Testament, diesmal zu Paulus in den ersten Korintherbrief. Dann können wir auf diese Frage antworten: Ja, alles ist erlaubt – aber nicht alles dient zum Guten (1. Kor 6,12).

Darf ich alles gebrauchen, was Gott geschaffen hat? Ja – aber so, dass es mir, meinen Mitmenschen und der Schöpfung insgesamt gut tut.

Alles, was Gott geschaffen hat, ist gut, deshalb darf ich alles gebrauchen – aber ich habe trotzdem, oder besser: gerade deshalb auch eine Verantwortung, für mich, für meine Mitmenschen, für die Schöpfung insgesamt. Gerade weil Gott alles gut geschaffen hat, bin ich dafür verantwortlich, sorgsam damit umzugehen.

Ich habe zunächst einmal Verantwortung für mich selbst: Was tut mir gut? Was kann ich vertragen? Natürlich darf ich Alkohol trinken – aber so, dass ich mich nicht selbst zerstöre. Ich muss meine Grenzen kennen und ein Gespür dafür haben, wo Genuss umkippt in Sucht.

Ich habe daneben auch Verantwortung für meine Mitmenschen: für meine Partnerin zum Beispiel, dass ich in Liebe und Achtung mit ihr umgehe. Oder für diejenigen, die Gottes Gaben ernten und verarbeiten, für die Landwirte – bei uns ebenso wie in fernen Ländern. Und das bedeutet: Jede Frucht hat ihren Preis, Äpfel und Getreide ebenso wie Bananen und Kaffee. Verantwortung für meine Mitmenschen übernehmen, heißt in diesem Fall: bereit sein, einen angemessenen Preis zu zahlen. Das Billigste ist nicht immer das Beste, schon gar nicht ist es immer gerecht und verantwortlich!

Ich habe schließlich Verantwortung für Gottes Schöpfung: Ich darf alles gebrauchen, was Gott geschaffen hat. Aber ich darf dabei aber seine Schöpfung nicht zerstören und ausplündern. Gott hat uns für seine Schöpfung den Auftrag gegeben, sie zu bebauen und zu bewahren.

Wenn ich mir die aktuelle Diskussion um die Benzinpreise vor diesem Hintergrund anschaue, finde ich das erschreckend: Da geht es um freie Fahrt, die OPEC und den Dollarkurs, alles mit reichlich Polemik. Aber die entscheidende Frage bei diesem Thema wird von keiner Seite angesprochen: Wie können wir die Schöpfungsgabe Erdöl dankbar, aber verantwortlich gebrauchen – so dass für kommende Generationen noch etwas übrig bleibt; und so dass Gottes Schöpfung nicht zerstört wird?

Es ist alles gut, was Gott geschaffen hat. Deshalb dürfen wir alles gebrauchen, was er uns in seiner Schöpfung schenkt. Wir dürfen dankbar für seine großen Gaben sein und sie ohne schlechtes Gewissen genießen. Und zugleich, und das ist kein Widerspruch, und zugleich haben wir Verantwortung – für uns selbst, dass wir das tun, was uns wirklich gut tut; für unsere Mitmenschen, dass wir die Schöpfungsgaben gerecht verteilen und Arbeit gerecht entlohnen; für die Schöpfung insgesamt, dass wir sie schützen und bewahren.

Denn alles, was Gott geschaffen hat, ist gut und wir dürfen es verantwortlich gebrauchen. Gott sei Dank!

Amen.

Totensonntag

Wege aus der Trauer

Predigt zu Offb 21,1-5

Liebe Gemeinde!
„Wie soll ich da jemals wieder raus kommen?“ Wenn ein Wanderer sich verirrt, in einem abgelegenen Seitental landet und rings um sich nur Berge sieht, dann fragt er sich: Wie komme ich da wieder raus?
„Wie soll ich da jemals wieder raus kommen?“ So wie ein Wanderer, der sich verirrt hat, hat sich wohl manch einer im vergangenen Jahr gefühlt. Nach dem Tod eines geliebten Menschen, nach der Beerdigung, wenn für alle anderen wieder der Alltag beginnt. Wenn man selbst aber das Gefühl hat, man geht durch ein tiefes Tal, ringsum nur Berge, wochenlang, monatelang. Dann fragt man sich: Wie komme ich da wieder raus, aus dem Tal der Trauer? Wo gibt es einen Weg? Alle Wege nach vorn in die Zukunft sind ja scheinbar versperrt. Man ist wie gefangen in der Gegenwart und der Vergangenheit. Wie gerne würde man nach vorn schauen, aus der Trauer raus kommen – allein: es geht nicht! Man kommt sich vor, als hätte man sich verirrt. Wo soll man weitergehen? Wo ist der Weg nach draußen?

Bedenken wir heute Morgen miteinander Wege aus der Trauer. Wie könnten Wegweiser aussehen, die aus dem Tal der Trauer herausführen? Was könnte auf ihnen stehen? Stellen wir uns drei solche Wegweiser vor. Sie haben alle mit der Vision des Johannes zu tun, die wir als Predigttext gehört haben. Mit seinem Blick in die Zukunft, mit den Verheißungen Gottes, die darin enthalten sind.

Ich stelle mir vor, auf dem ersten Wegweiser steht: „Der Weg zum Abschied in Frieden“. Es ist merkwürdig: Dieser Wegweiser weist scheinbar zurück, er führt uns auf lange Wegstrecken der Erinnerung. An den Menschen, der gestorben ist. An das, was wir gemeinsam mit ihm erlebt haben: an fröhliche Begebenheiten und gemeinsam durchgestandenes Leid. Immer und immer wieder gehen wir diesen Weg der Erinnerung ab. Und mit jeder Erinnerung können wir den Verstorbenen ein Stück mehr loslassen. Mit jeder Erinnerung können wir ihn ein Stück mehr freigeben aus unseren eigenen Händen, aus unserem eigenen Leben, ein Stück mehr zurückgeben in Gottes Hand. Und dabei hören wir die Zusage des Johannes: Wer sich zu Gott hält, der geht aus der Zeit in die Ewigkeit und findet bei Gott Heimat. Der wird dort sein, wo Gott mitten unter den Menschen wohnt. So können die, die zurück bleiben, Abschied nehmen in Frieden. Der Verstorbene ist bei Gott und Gott wird es mit ihm recht machen. Und so führt dieser Weg Schritt für Schritt aus dem Trauertal heraus. Es ist ein beschwerlicher Weg, ein Weg mit vielen Tränen und schmerzhaften Erinnerungen; aber auch mit der Erfahrung, dass von Gott ein Frieden ausgeht, der all unser Denkvermögen übersteigt.

Schauen wir auf den zweiten Wegweiser, der uns herausführen kann aus dem Tal der Trauer. Ich stelle mir vor, auf diesem zweiter Wegweiser steht: „Der Weg zur Antwort auf deine Fragen". Auch dieser Wegweiser weist uns auf einen merkwürdigen Weg, denn er verläuft scheinbar im Kreis. Immer und immer wieder dieselben Fragen: „Warum? Warum jetzt, warum so früh, warum so plötzlich? Was hätte ich noch tun sollen? Was bin ich schuldig geblieben?" Es gibt scheinbar keine Antworten auf diese Fragen, scheinbar keine Lösungen. Aber wenn Fragen ausgesprochen werden, immer und immer wieder, verlieren sie langsam ihre Macht und werden schwächer. Und so wird ganz langsam, Schritt für Schritt, der Blick nach vorn möglich. Und dort steht Gott selbst und sagt zu uns: „Komm mit mir! Noch siehst du nicht, wo du hingehst. Noch weißt du nicht, was das alles bedeuten soll. Aber auch du darfst auf meine Zukunft zugehen. Auch du sollst einmal mit mir in meiner Stadt wohnen. Dann wirst du verstehen. Dann werden alle Rätsel aufgehoben sein und dann musst du nichts mehr fragen."

Mit Blick auf Gott und seine Zusage können wir Schritt für Schritt heraus gehen aus dem Tal der Trauer. Beschwerlich wiederum, mit vielen Fragen und Zweifeln – aber doch mit Blick nach vorn. Und vielleicht wandelt sich irgendwann unterwegs die Frage und lautet dann nicht mehr: „Warum musste das geschehen?“, sondern: „Wozu und wohin kann mich das leiten, was ich durchkämpft und durchlitten habe?“

Und das führt uns zum dritten Wegweiser heraus aus dem Tal der Trauer. Ich stelle mir vor, auf diesem dritten Wegweiser steht: „Der Weg zum Leben“. Anfangs scheint dieser Weg versperrt zu sein. Man muss zunächst den ersten beiden Wegweisern folgen. Erst danach öffnet sich nach und nach der dritte Weg, der Weg zurück ins Leben. Der Weg aus dem Tal der Trauer zurück ins Leben führt über den Abschied und über die Fragen.
Wer durch die Erinnerungen hindurch gegangen ist und Abschied genommen hat, wer durch die Fragen und Zweifel gegangen ist und ein Stück Frieden gefunden hat, der kann dann Schritte gehen zurück ins Leben. Der kann wieder sehen, warum es gut ist zu leben, wo neue Aufgaben warten, wo er wieder gebraucht wird. Die Trauer bleibt als Begleiterin; ganz abschütteln kann man sie nicht. Auch nach Jahren ist sie urplötzlich wieder da. Immer wieder. Aber auch hier lädt Gott uns ein: „Vertrau dich mir an. Noch weinst du. Noch kannst du dir ein Leben ohne Tränen nicht vorstellen. Aber eines Tages wird das alles nicht mehr sein. Dann werde ich dir die letzten Tränen aus dem Gesicht wischen. Und du wirst lachen können. An dem Tag, an dem ich alles neu machen werde.“

Liebe Gemeinde,
die Trauer gleicht einem tiefen Tal. Johannes zeigt uns in seiner Vision Wege heraus aus diesem Tal. Es sind beschwerliche Wege. Sie brauchen Zeit und man kann sie nicht überspringen. Aber sie führen heraus aus dem Tal der Trauer, Schritt für Schritt. Die Wegweiser des Johannes leiten uns dorthin, wo

Leben wieder möglich ist. Sie weisen uns den Weg zu Gottes Zukunft. Sie weisen auf den hin, der uns mitnimmt auf dem Weg in diese Zukunft und der uns – trotz allem – wieder Kraft und Mut zum Leben geben kann.

Amen.

Printed by Books on Demand GmbH, Norderstedt / Germany